U0660140

现代企业运营
与财务管理研究

缑 军 康忠红 郭 伟◎著

中国商务出版社

·北京·

图书在版编目（CIP）数据

现代企业运营与财务管理研究／缑军，康忠红，郭
伟著 . -- 北京：中国商务出版社，2024.8. --ISBN
978-7-5103-5304-8

Ⅰ. F272

中国国家版本馆 CIP 数据核字第 2024CX8213 号

现代企业运营与财务管理研究

缑　军　康忠红　郭　伟　著

出版发行：中国商务出版社有限公司

地　　　址：北京市东城区安定门外大街东后巷 28 号　　邮　　编：100710

网　　　址：http://www.cctpress.com

联系电话：010—64515150（发行部）　010—64212247（总编室）

　　　　　010—64515164（事业部）　010—64248236（印制部）

责任编辑：云　天

排　　版：北京盛世达儒文化传媒有限公司

印　　刷：宝蕾元仁浩（天津）印刷有限公司

开　　本：710 毫米 ×1000 毫米　　1/16

印　　张：14.5　　　　　　　　　　字　　数：235 千字

版　　次：2024 年 8 月第 1 版　　　印　　次：2024 年 8 月第 1 次印刷

书　　号：ISBN 978-7-5103-5304-8

定　　价：79.00 元

P 前言
PREFACE

　　企业运营是企业实现其目标的核心过程，它涵盖了企业活动的各个方面，从生产流程的优化到市场营销策略的制定，从人力资源的合理配置到供应链的高效管理。一个良好的企业运营体系能够确保企业在不断变化的市场环境中迅速响应，满足客户需求，提高竞争力。

　　财务管理则是企业管理的重要组成部分，它关系到企业的资金筹集、资金运用、利润分配等重要经济活动。有效的财务管理能够为企业提供稳定的资金支持，优化资源配置，降低财务风险，实现企业价值的最大化。

　　在当今高度复杂和动态变化的商业环境中，现代企业的运营与财务管理已成为学术界和实践领域共同关注的焦点。从学术角度来看，对现代企业运营与财务管理的研究有助于拓展和深化管理学科的知识体系。传统的企业管理理论在面对快速演进的技术创新、多样化的市场需求以及日益严格的监管环境时，已显露出一定的局限性。深入探讨企业运营，能够推动管理理论的创新与发展。在实践层面来看，有效的企业运营与财务管理对于企业的生存和发展至关重要。企业运营的高效与否直接决定了产品或服务的质量、交付速度和成本控制水平，进而影响企业的市场竞争力。此外，研究现代企业运营与财务管理对于提升企业的抗风险能力具有重要意义。在经济不稳定、市场波动频繁的背景下，企业需要通过精细化的运营管理和稳健的财务管理来应对各种不确定性。

　　在本书中，我们将系统地探讨现代企业运营和财务管理的理论与实践，希望能够为读者提供一个全面、深入且具有前瞻性的视角，帮助企业在复杂多变的商业世界中实现持续、健康的发展。

本书在编写过程中，作者收集、查阅和整理了大量文献资料，在此对学界前辈、同人和所有为此书编写工作提供帮助的人员致以衷心的感谢。由于篇幅有限，本书的研究可能存在不足之处，恳请各位专家、学者及广大读者提出宝贵意见和建议。

作　者

2024 年 2 月

C目录
ONTENTS

第一章　企业运营的理论基础

第一节　运营管理的内涵与发展

一、运营管理的内涵

（一）产品和服务

广义的产品是指被人们使用和消费，并能满足人们某种需求的任何东西，包括有形的物品、无形的服务、组织、观念或它们的组合。狭义的产品是"一组将输入转化为输出的相互关联或相互作用的活动"的结果，即"过程"的结果。服务是具有无形特征却可给人们带来某种利益或满足感的可供有偿转让的一种或一系列活动，是在供方和顾客接触面上至少需要完成一项活动的结果。

1. 产品和服务的区别

除了有形性和无形性，产品和服务的区别还体现在以下几个方面。

①顾客接触程度。尽管像电子商务、电子邮箱、线上课程等服务的顾客接触程度不高，但在多数情况下，服务业企业的顾客接触程度都比较高。当顾客接触程度较高时，服务提供者与顾客之间的互动就构成了"真实瞬间"，当服务发生时，其服务水平的高低由顾客来判定，而产品的生产和消费过程往往是分开的，顾客接触程度较低。

②劳动密集程度。除了一些自动化的服务外，与制造业相比，服务业的劳动密集程度较高。特别是在智能制造不断发展的背景下，制造业的大量工作被机器取代，服务行业的劳动密集特征会更明显。

③投入的一致性。相比于生产特定产品的运营过程，服务的投入变化比较大，每一个顾客的服务需求都呈现出一定程度的特殊性，企业需要对这些特殊性进行评价并确定其可控程度。相反，制造业运营管理可对投入的变化进行较好的控制，所要求的工作更具一致性。

④生产率的测评。由于服务投入的变化比较大，对服务的生产率测评更为困难。例如，不同的医生可能采取不同的流程来处理同一病例，进而得到不同的诊断结果，但是很难对不同的诊疗方案进行评价。相反，产品的生产率测评具有特定的指标和评价标准，测评难度较低。

⑤质量保证。因为服务的提供和服务需求的满足是同时进行的，所以服务业的质量保证具有更大的挑战性。在制造业中，产品制造与顾客使用产品是分开的，因而允许其中存在错误，并且企业还有时间和机会去纠正错误；但服务业企业很少有机会发现错误而不让顾客察觉。

⑥库存水平。与制造业相比，很多服务业企业的库存水平较低，因而，持有库存的成本也相对较低。但与产品不同，服务不能储存，在有需求的时候企业才能提供服务，因此服务业无法实现类似产品生产中安全库存对需求不确定性的管理。

⑦专利保护能力。产品设计更容易通过专利来保护，某些服务却不能，这就导致竞争对手更容易复制服务技能。

表 1-1 总结了产品和服务的区别。

表 1-1 产品和服务的区别

项目	产品	服务
产出	有形	无形
顾客接触程度	低	高
劳动密集程度	低	高
投入的一致性	高	低
生产率的测评	容易	困难

续表

项目	产品	服务
质量保证	高	低
库存水平	高	低
专利保护能力	大	小

2. 产品与服务的融合

产品与服务的融合具体体现在产品服务化和服务产品化。制造业服务化以及新一代信息技术与传统产业的融合，使得产品和服务融合的进展加快。为了实现差异化并获得更高的利润，企业将服务看作业务的重要组成部分，通常在纯产品中附加一定的服务或将服务嵌入产品中。这种服务包括维修、零件供应、培训，有时候还可能是整个系统的设计和研发，并且企业认为有形产品只是企业提供给客户的业务解决方案中的一小部分而已。产品与服务融合得最成功的企业会先将同一业务基础上的各个方面服务整合起来，以便创立一个综合性的服务组织。例如，沃尔沃公司推出了"Care by Volvo"汽车订阅服务，顾客只需按月支付订阅费用，就能使用沃尔沃的汽车和享受免费的维修保养服务，并且每年都能更换一辆新车。沃尔沃向消费者提供的不只是汽车产品，而是汽车驾驶服务，汽车产品仅是这个服务方案的一部分。

（二）生产过程

生产过程（Production Process）指的是围绕着产品生产和服务运作的、一系列有组织的、将外部环境和内部环境投入转化为产出的增值过程。狭义的生产过程指的是从原材料到产品的一系列生产活动的运行过程，广义的生产过程则是指整个企业的生产过程。企业生产过程的直接目标是实现投入的增值；最终目标是满足顾客需求，将消费者价值转化为企业的经济效益。生产过程是动态的，分为自然过程和劳动过程，主要包括：生产准备过程、基本生产过程、辅助生产过程、生产服务过程和其他附属生产过程。

如图 1-1 所示，企业生产过程的外部环境包括关系密切的供应链成员（如供应商、经销商、客户和竞争对手），也包括劳动力市场、政府政策法规、经济整体趋势等宏观环境。内部环境则包括企业为了满足生产活动而在人力、设备、原料库存方面的投入，以及为了提高生产过程管理水平而在质量管理、生产计划管理方面的投入。

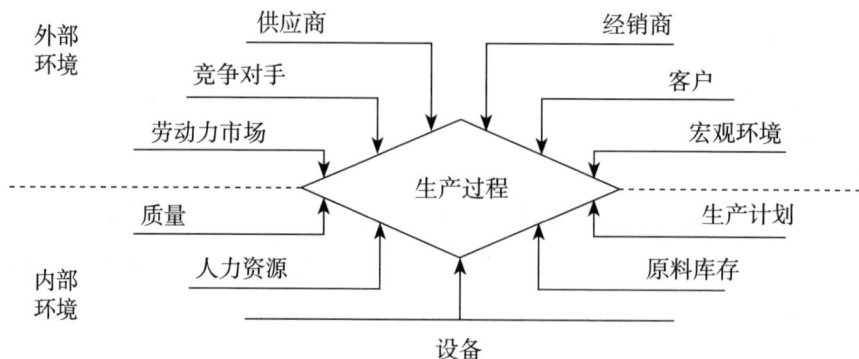

图 1-1　生产过程的内外部环境

我国的圆珠笔笔尖珠曾经一度完全依赖进口。2016 年 9 月，太原钢铁集团国产化了直径 2.3mm 的不锈钢钢丝的生产和球座体锻造工艺，实现了圆珠笔笔头零部件全面国产化的目标。太原钢铁集团（以下简称太钢）组织攻坚圆珠笔笔芯生产工艺和组织大规模生产的过程，能很好地体现制造类企业的不同生产过程。为了生产精细的圆珠笔笔头的球珠和球座体，太钢前期进行了大量的科研攻关和试验工作，积累了足够的生产经验、熟练工人和技术专利资源（生产准备过程）。在此基础上，太钢开始从事原材料采购、人力安排工作（生产服务过程）。在一切准备就绪后，太钢通过切削、压铸、锻造工艺，实现从生铁块到球珠和球座体的精细零部件的转化（基本生产过程）。为了保证生产的稳定运行，太钢需要组织人员完成定期的高炉巡检、设备维修和动力保障工作（辅助生产过程）。而在钢铁冶锻的核心业务之外，出于集团整体效益最大化的考虑，太钢也通过不同形式参与到煤炭的采挖行业中，如成立晋煤太钢公司（附属生产过程）。通过所有生产过程的组合协调，最终实现了煤炭、铁矿石、水等原材料向圆珠笔笔头零部件转化的生产过程。

（三）运营管理的概念、目标与任务

运营管理（Operations Management，OM）是对企业生产和服务过程的计划、组织、实施和控制，是实现有效的生产和服务运作的各项管理工作的总称，是与市场营销、财务管理并列的企业三大职能之一。它将人力、物料、设备、技术、信息、能源等诸多投入转化成产品和服务，从而实现企业价值，是企业获得和维系持续竞争力的重要前提。运营管理的研究对象是运营过程和运营系统。运营过程是一个投入、转换、产出的过程，是价值增值的过程，管理者必须考虑如何对这样的生产运营活动进行计划、组织与控制。运营系统是指使上述变换过程得以实现的手段，它的构成与变换过程中的物质转换过程和管理过程相对应，包括物质系统和管理系统。

运营管理的目标是实现供给与需求的精准匹配，服务于企业的总体战略目标。运营管理的实质可概括为 3 个方面：一是通过有效管理实现增值；二是在技术可行、经济合理的基础上实现资源集成；三是满足顾客对产品和服务的特定需求。

运营管理的任务是建立高效的产品制造和服务提供系统，主要包括 3 个方面：第一，为实现企业的经营目标，全面完成生产计划所规定的任务，包括完成产品的品种、质量、产量、成本和交货期等各项要求；第二，降低物耗、降低生产成本、缩短生产周期，减少在制品库存和占用的资金，提高企业的经济效益；第三，从系统机能上提高企业生产系统的核心竞争力（如柔性、敏捷性、弹性、鲁棒性等），以适应竞争需要。

从管理的角度可将运营活动分为生产产品和提供服务：生产产品是通过物理或化学作用将有形输入转化为输出的过程；提供服务是以提供劳务而不制造有形产品为特征的生产。为生产合格产品和提供满意服务，并实现成本水平的最优化，企业需要权衡产品和服务的质量、成本、时间、柔性和环保等方面的要求。运营管理包括企业内部运作的计划、组织、协调、指挥、控制，以及不同企业之间的协调管理（如供应链管理等）。

（四）运营管理的价值

1. 提高盈利能力

运营环节成本占了企业直接成本的 60% ~ 80%，成功的运营管理可以显著提高企业的盈利能力。例如，Landrum 公司为了购买新一代生产设备，需要提高盈利能力，否则就无法从银行得到贷款来购买新设备。如果无法添置新设备，该公司被旧设备所限，将无法保持其商业地位，也就无法向雇员提供工作或向顾客提供商品与服务。表1-2列出了该公司的简要收入状况和3种备选方案：第一种是营销方案，如果可以使销售收入增加50%，公司的利润将增加71%，然而，增加50%的销售收入几乎是不可能的；第二种是财务方案，公司可以通过良好的财务管理削减50%的财务费用，但即使这种方案能够成功实施，利润也仅增加21%，这种改善是不够的；第三种是运营方案，公司通过运营管理使制造成本下降20%，而利润则增加114%，在这种方案下，银行是愿意向该公司提供贷款的。

表 1-2 Landrum 公司提高收入的不同方案

项目	当前状况 / 美元	营销方案（增加销售收入50%）/ 美元	财务方案（削减财务费用50%）/ 美元	运营方案（降低制造成本20%）/ 美元
销售收入	100 000	150 000	100 000	100 000
商品成本	−80 000	−120 000	−80 000	−64 000
毛利润	20 000	30 000	20 000	36 000
财务费用	−6 000	−6 000	−3 000	−6 000
利润	14 000	24 000	17 000	30 000

运营管理是提高盈利能力的最佳途径之一。在供不应求的时期，卖方市场环境赋予了企业市场定价权，企业此时通常以"成本中心"来进行管理，即根据实际成本和期望利润来自主定价，其管理的重点在于大批量地生产出产品。当市场供给能力大于市场需求能力时，供给侧能力过剩使企业丧失定价权，价格则由需求市场决定，即买方市场，企业利润被动地由自身的成本和市场价格决定，为了实现更高的利润，部分企业开始转变为"利润中心"，即在市场价格被动降低的情况下通过精益生产等运营管理理论和方法提高生产率并降低成本，提升利润水平，其管理的重点在于如何降低成本以保证企业的利润空间。

2. 提高竞争力

运营管理的水平是影响企业竞争力的主要方面。产品的核心价值是顾客选择使用该产品的理由，也是产品的差异化特征和企业的核心竞争力。运营管理要运用各种方法和渠道，将产品的核心价值凸显和放大，转变成顾客更容易理解和接受的形式，并将产品的核心价值通过运营手段传递给顾客，从而满足顾客的需求，获得市场份额和竞争力。

3. 实现个人价值

运营管理的理论和方法被广泛用于企业的生产过程和其他职能领域，创造了大量的就业岗位。例如，中国全部工作岗位的 45% 和美国的 40% 集中在运营管理领域。在制造行业中，运营管理工作具体体现在工厂生产经理、采购经理、供应链经理、物流管理经理、仓储管理经理等传统生产管理岗位中，也体现在专注于效率提升的工作岗位中，如 IE（工业工程）部门经理、质量管理经理、精益生产经理和流程优化经理。在服务行业中，由于增值生产过程和服务提供过程是同步进行的，因而运营管理岗位存在于服务行业的方方面面，如互联网金融行业的运营经理。

二、运营管理的发展历程

（一）工业革命阶段

第一次工业革命开始于 18 世纪 70 年代的英国，19 世纪扩展到欧洲其他国家和美国。此前，产品大多是在手工作坊里生产出来的，通常由一个手工艺人自始至终负责制作一件产品，使用的工具也较为简单。1763—1776 年期间，詹姆斯·瓦特（James Watt）改良了蒸汽机，为制造业提供了机械动力，实现了机器生产代替手工劳动，结束了手工作坊生产。同时期，珍妮纺纱机和电动织布机引发了纺织业革命，充足的煤和铁为发电及制造机器提供了原料，由铁制成的机器比先前简单的木制工具更高效和耐用。此后，由欧洲国家、美国、日本引导的 19 世纪中期的第二次工业革命带来了电器、内燃机和通信产业的发展，极大地推动了社会生产力的发展。尽管发生了这些巨大的变化，但这个时期的管理理论和实践仍然处于萌芽期，并没有获得长足的发展，企业迫切需要更系统、更切实可行的管理理论和方法来指导生产。

工业革命阶段的重要管理理论如下所述。1776 年，亚当·斯密（Adam Smith）在其著作《国富论》中提出了劳动分工的概念，即让每个劳动者专门从事生产活动的某一部分工作，其旨在通过重复单项运作来提高熟练程度和工作效率，减少变换工作所损失的时间（即生产准备时间），促进工具和机器的改进。

18 世纪来，伊莱·惠特尼（Eli Whitney）提出了标准化生产方式，即为了在一定范围内获得最佳秩序，应对实际或潜在的问题制定共同且重复使用的规则，由此实现零件的可互换和标准化，进而才能实现快速的大规模批量生产。

（二）工业文明阶段

20 世纪初，以弗雷德里克·W. 泰勒（Frederick W.Taylor）为代表的管理学家提出了科学管理原理，为工厂管理带来了巨大变化。泰勒被称为"科学管理之父"，他于 1911 年在《科学管理原理》一书中提出了企业运营的科学管理理念，即用科学的方法刻画企业某一项工作及其最佳方法，从而使管理由经验变为科学。泰勒的科学管理原理主要包含 3 个方面：第一，通过对工作方法的观察、测量和分析，得到好的工作方法；第二，通过挑选和培训工人，寻找做每项工作的最佳方法；第三，改进工具、研究工人运作、制定劳动定额，实行差别计件工资制度。科学管理的根本目的是谋求高劳动生产率，用科学化、标准化的管理方法代替经验管理。

科学管理阶段的其他重要的管理理论如下所述。基于泰勒的科学管理，工业工程师弗兰克·B. 吉尔布雷斯（Frank B.Gilbreth）和心理学博士莉莲·M. 吉尔布雷斯（Lillian M.Gilbreth）夫妇研究了工人疲劳方面的问题，提出了动作研究理论，明确了完成一个特定任务的最佳动作的个数及其组合方法，提出了节约动作的 10 个原则。1917 年，亨利·甘特（Henry L.Gantt）基于非物质激励的价值开发了甘特图，使计划的编制更加快捷和直观。亨利·福特（Henry Ford）基于亚当·斯密的劳动分工论，充分运用惠特尼提出的标准化生产方式，通过泰勒的科学管理原理对他的福特汽车公司进行了运营优化，组建了 T 型汽车装配生产流水线，大幅提高了汽车产量。

科学管理十分强调工作设计的技术内容，而人际关系学说则强调在工作设计中人的因素的重要性。20 世纪 30 年代，以乔治·E. 梅奥（George E.Mayo）为代表的第二代科学管理学家从行为科学和人际关系角度出发，在美国西方电气公司开展了著名的霍桑实验（包括照明实验、福利实验、访谈实验和群体实验），发现了人的社会属性和工人动机对生产效率的正面作用，提出了"社会人"假设：人不是仅认可金钱刺激的"经济人"，相反，人是具有社会属性的复杂个体，员工生产积极性的调动还应该考虑社会和心理因素。梅奥的霍桑实验及其研究成果对古典管理理论产生了较大的冲击，管理学进入行为科学管理理论阶段。

行为科学阶段的其他重要的管理理论如下。1954年，亚伯拉罕·马斯洛（Abraham Maslow）在《动机与人格》一书中系统性地阐述了"需求层次理论"，即人的需求是由生理、安全、社交、尊重和自我实现需求组成的。20世纪50年代，弗雷德里克·赫茨伯格（Frederick Herzberg）进一步推动了激励理论的发展，在《工作的激励》一书中提出了激励与保健的"双因素理论"。20世纪60年代，道格拉斯·麦格雷戈（Douglas McGregor）在《企业的人性面》一书中提出X理论和Y理论，阐述了两种相反的"人性"假设：X理论坚持消极的一面，假定工人都不喜欢工作，只有通过奖罚管制才能使他们干好工作；Y理论与X理论的观点相反，假定工人都很乐意工作，认为工作使他们的身心得到发展。到了20世纪70年代，威廉·大内（William Ouchi）提出了Z理论，在西方传统的短期雇用、专门人才和个人决策与职责等观点的基础上，集成了日本的终生雇用、关心雇员及协同一致等观点。

20世纪20—70年代出现了基于应用数学和运筹科学理论的管理科学，帮助企业定量分析生产和管理中出现的复杂问题。虽然运用应用数学理论来解决复杂问题的思路自古就有，但是将其系统性地进行汇总并整理出相关理论的工作则是从第二次世界大战才开始的。当时，参战各国为了实现有效防御部署、安全物资运输、高效反潜侦察和精确轰炸打击的目的，相继成立了部队运筹学小组。第二次世界大战结束后，军事运筹学理论开始转向民用，P.M.莫尔斯（P.M.Morse）与G.E.金博尔（G.E.Kimball）系统性地整理了运用于解决管理问题的数学工具，并于1951年出版了《运筹学方法》一书，标志着运筹学学科基本形成。到了20世纪50年代末期，世界大型企业纷纷在经营管理中大量应用运筹学，用于完成制定生产计划、物资储备、资源分配、设备更新、任务分派等工作，以提升生产效率。到了60年代中期，运筹学开始进入服务业。

早期管理科学的重要管理理论如下。1913年，F.W.哈里斯（F.W.Harris）提出第一个库存管理数学模型。20世纪30年代，在贝尔电话实验室工作的H.F.道奇（H.F.Dodge）、H.G.罗米格（H.G.Romig）和W.A.休哈特（W.A.Shewhart）提出了统计过程控制的质量管理理论，服务于抽样和质量控制的统计方法的产生。1935 年，L.H.C. 蒂皮特（L.H.C.Tippett）提出了统计抽样理论。第二次世界大战期间，运筹学在美国发展起来，众多数学家、心理学家和经济学家相继提出了各种数量模型，如数学规划、博弈论、排队论等。战后，管理科学发展起来，通过建立模型、提出算法、开发软件实现了需求预测、库存控制、生产作业计划编制、项目管理等运营管理目标。

当代运筹学主要包含数学规划、图论、网络理论、排队论、存储论、博弈论、决策论、搜索论、统筹论、凸优化等传统数学方法，还有启发式算法、计算机仿真、数据挖掘、预测学、软系统、认知映射等新方法。通过规定目标和明确问题、收集数据和建立模型、求解模型和优化方案、检验模型和评价解答，以及方案实施和不断优化这 5 个步骤，企业可以更清晰地认识运营环境、识别运营问题、发现解决方法和实现改进。相较于科学管理理论，当代的运筹学方法强调黑箱方法、数学模型和仿真运行，更适用于大规模复杂问题的处理，更能解释系统内外协调的问题。

福特汽车的流水线生产方法开创了企业的大批量生产模式，为消费者带来了更为廉价的商品，其关注重点是成本；而丰田模式降低了生产成本，提高了产品的可靠性，其关注重点是消费者对质量和个性化的需求。20 世纪 80 年代，以丰田为代表的日本制造商推行或改进了一些管理方法，使企业的运营生产率和产品质量得到了提高，引起了管理学界的极大兴趣。美国管理学界通过"国际汽车计划"项目对日本企业开展调查和研究，美国麻省理工学院发现并总结了准时化生产（Just-in-Time，JIT）和人人参与的全面质量管理（Total Quality Management，TQM）的生产方式。日本制造商的生产方式以库存管理为核心，追求柔性生产和全过程管理，极大地减少了企业浪费，降低了生产成本，提高了产品质量，提高了生产过程的协调度和生产效率，因此也被称为精益生产（Lean Production，LP）。

（三）信息革命阶段

1946 年第一代现代计算机的出现标志着人类开始从工业文明向信息文明转变。近 20 年来，以物联网、"互联网＋"与大数据为代表的新一代信息技术的兴起与应用，加快了信息文明的进程。信息技术的兴起和广泛应用推动了信息技术变革成果与工业革命、农耕文明成果的融合，正在改变以往配置资源和能力的方式，改变了农耕文明和工业文明时代的企业运营模式。以物联网、"互联网＋"与大数据技术为代表的新一代信息技术改变了企业组织资源和能力的模式，对其运营产生了深刻而全面的影响，运营管理就需要变革已有思维以把握技术变革给企业带来的机会和应对其面临的挑战。

1970年，美国未来学家阿尔文·托夫勒（Alvin Toffler）在《未来的冲击》（*Future Shock*）一书中提出了大规模定制（mass customization）的科幻想象；1987年，斯坦·戴维斯（Stan Davis）在《完美未来》（*Future Perfect*）一书中对大规模定制进行了明确的定义；1993年，B.约瑟夫·派恩（B.Joseph Pine Ⅱ）在《大规模定制：企业竞争的新前沿》一书中描述了大规模定制的优势和实现路径。大规模定制基于信息技术、新材料技术、柔性制造技术等一系列高新科技、生产模式和管理方法，通过产品模块化设计和制造流程重构，将终产品分成两部分，即中性的原材料、中间件和零部件，个性化的终产品。前者满足的是消费者的共性需求，后者满足的是消费者的个性化需求。先利用标准化、模块化，实现中性的原材料、中间件和零部件的大规模采购、生产、运输等；再把个性化产品的生产过程转化为小批量生产。前者通过规模经济实现成本的节约，后者通过定制化实现消费者个性化需求的满足。

全球化的发展使资源和能力配置全球化、市场竞争全球化，消费者在全球范围内选择其产品和服务成为可能，市场竞争从局部市场的竞争转变为全球市场的竞争。消费者个性化偏好兴起，顾客期望越来越高，市场供给能力大于市场需求。新一代信息技术的变革与应用催生了消费者互联网平台、工业互联网平台、物流互联网平台等新业态，共享制造、共享物流等使企业能敏捷地响应快速变化的市场需求。基于企业这一配置资源与能力的方式，由于其资源和能力分布在其所处供应链上的各环节，不能有效快速地调整资源与能力以适应市场的快速变化，因此，为了适应市场快速变化对配置资源和能力提出的新要求，形成了将纵向一体化（Vertical Integration）转变为横向一体化（Horizontal Integration），将企业行政控制资源和能力转变为以外包、重复交易、价值共创共享为特征的供应链模式。

供应链管理包含了顾客、预测、设计、生产能力计划、加工、库存、采购、供应商、选址和物流等要素。其中，顾客是第一个要素，也是驱动要素，产品和服务设计要使运营能力与顾客需求相符。供应链上的供应环节由一个或多个供应商组成，需要对供应商与其供应链上所有需求部分之间的关系进行协调。供应商和设施的选址很重要，需要考虑是靠近市场，或靠近供应源，或两方面都靠近，运输时间和成本也常常受选址的影响。

2013 年，维克托·迈尔 - 舍恩伯格（Viktor Mayer-Schönberger）在《大数据时代》一书中富有前瞻性地指出：大数据带来的信息风暴正在变革我们的生活、工作和思维，大数据开启了一次重大的时代转型，大数据的核心就是预测，大数据时代给人类带来了思维变革、商业变革和管理变革；大数据时代最大的转变就是，放弃对因果关系的渴求，取而代之地关注相关关系。也就是说，只要知道"是什么"，而不需要知道"为什么"；它在一定程度上颠覆了千百年来人类的思维惯例，对人类的认知和与世界交流的方式提出了全新的挑战。大数据将为人类的生活创造前所未有的可量化的维度，大数据已经成为新发明和新服务的源泉，而更多的改变正蓄势待发；运营管理需要适应大数据带来的新变化、新问题，需要改变思维模式，创新商业与管理模式。

表 1-3 总结了具有代表性的运营管理工具和理论及代表人物。

表 1-3　运营管理发展年表

时间	运营管理工具和理论	代表人物
1776 年	劳动分工	亚当·斯密
1790 年	零件互换性	伊莱·惠特尼
1911 年	科学管理理论	泰勒
	动作研究理论、工作心理学的应用	弗兰克·吉尔布雷斯、莉莲·吉尔布雷斯
1912 年	活动进度图	甘特
1913 年	移动装配线	福特
	库存管理的数学模型	哈里斯
1930 年	关于工人动机的霍桑实验	梅奥
1935 年	抽样和质量控制的统计程序	道奇、罗米格、休哈特

时间	运营管理工具和理论	代表人物
1940 年	运营研究在战争上的运用	—
1947 年	线性规划	乔治·丹齐克
1951 年	商务数字计算机	斯佩里·尤尼瓦克
20 世纪 50 年代	自动化	—
20 世纪 60 年代	定量工具的广泛发展	—
1975 年	以制造战略为重点	斯金纳
20 世纪 80 年代	强调质量、柔性、基于时间的竞争和精益生产	—
20 世纪 90 年代	供应链管理	—
2010 年	数据驱动的运营管理	维克托

三、运营管理的发展趋势

（一）产业转移

根据区域经济学理论，一个国家或地区的各类产业及各种工业产品，都处于生命周期的不同发展阶段，会经历创新、发展、成熟、衰退这 4 个阶段。当某个工业品类或产业因区域内环境不再适应其继续发展时，会出现衰退现象，而基于全球化的发展历程，这部分衰退的产业会转移到更适宜发展的区域，即世界制造业基地出现转移。

从第一、二次工业革命开始，全世界共完成了四次产业大转移。第一次转移在 18 世纪末至 19 世纪上半叶，转移路径是从作为工业革命起点的英国向法、德等欧洲国家和美国转移，而英国则全面转向金融业。第二次转移在 20 世纪 50 年代至 60 年代，美国保留了本国的精密制造和芯片等高精尖产业，并向日本和德国转移钢铁及纺织等传统产业。第三次转移在 20 世纪 60 年代至 70 年代，日本把劳动密集型轻工业转移到韩国、中国台湾地区、中国香港地区和东南亚等地，并承接美国电子科技产业。第四次转移在 20 世纪 90 年代，中国大陆沿海地区借助人工、资源和物流成本优势，承接了"亚洲四小龙"的劳动密集型轻工业。

当前，世界正经历着第五次全球产业转移，即低端制造业（如纺织业和低端电子产品组装）开始由中国大陆沿海地区向南亚和东南亚（如印度、越南和印尼）转移，如图 1-2 所示。企业需要适时调整其运营管理策略来积极适应产业转移。例如，小米、OPPO 等消费类电子企业开始在印度设厂，这些企业将中国大陆沿海地区的部分产能转移到人力成本更低的南亚和东南亚地区，以维持竞争优势。

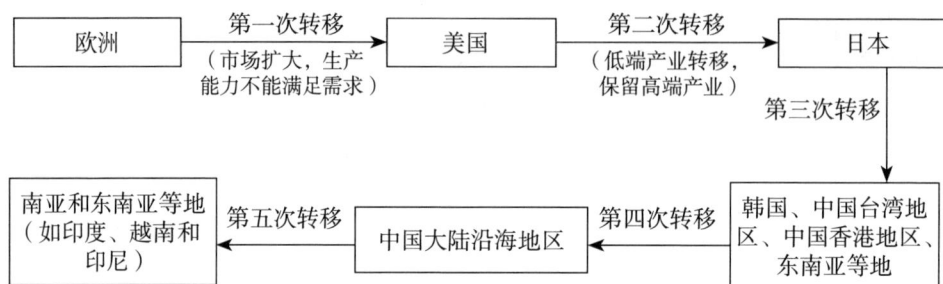

图 1-2　五次全球产业转移

为了解决第二、三次产业转移后美国制造业空心化的问题，奥巴马政府将其经济政策重心定为把"流失"的"美国制造"夺回去，将再工业化作为国家战略来推进，并通过一系列的税收改革来促进"美国制造"的回归。特朗普政府更是通过加征关税的方式试图强迫企业回流美国，全球贸易呈现逆全球化的趋势。2019 年，美国对中国的制造业进口额减少 17%，约 900 亿美元，对亚洲其他低成本国家或地区的制造业进口额增长了 310 亿美元（对越南的进口增长量最多），对墨西哥的制造业进口额增长了 130 亿美元。

与此同时，2020 年初开始的全球新冠疫情阻碍了经济全球化的发展。为控制新冠疫情，各国企业反复进入停工状态，全球供应链遭受较大的供应中断风险。为了保证供应顺畅，各国纷纷开始构建本国供应网络，逆全球化趋势更为明显。例如，新冠疫情发生后，孟加拉国因国际物流停运面临原材料短缺的问题，随后当地政府开始积极布局本土原材料供应体系。目前，当地服装企业已经能在本国采购所有的原材料，这对于原先的供应原材料的外国企业造成了不小的冲击。

我国企业也面临着逆全球化给运营管理带来的深层次影响，如供应链短期内出现供货困难（如华为芯片断供事件），我国的供应链技术升级速度放缓、供应链韧性降低。企业需要不断提高运营管理的能力以应对逆全球化带来的冲击，并针对供应和需求不确定性提高的情况提出有效的风险管控方案。

（二）供给能力大于市场需求

目前，市场上大多数产业已经实现从供不应求向供过于求的转变，顾客的需求也从单一物品的满足变为更加重视产品的个性化水平、服务能力和体验，全球化的发展也使顾客可以从全球范围内配置资源和选择产品。供需力量的变化，为企业业务范围的拓展提供了机遇，但同时也给企业的生产运营管理带来了巨大的压力，市场竞争重点依次从成本、质量、交货期、柔性、服务转变为体验。企业需要加快产品和服务的更新速度，转向多品种、中小批量生产模式。

在供给小于需求的市场环境中，企业运营管理工作关注于低成本高效率地生产出产品；如果此时市场的供给变得大于需求，传统企业生产缺乏柔性，对市场的反应能力低，企业的"多动力源的推进方式"会使库存大量增加，单一产品的"大而全""小而全"生产结构会使企业生产计划与作业计划相脱节，计划控制力弱，需要企业进行运营管理方式的转变。传统的大规模制造是现代企业提供相对廉价和快速的产品与服务的主要生产方式，但同时也带来了乏善可陈的产品形态和大同小异的产品功能，使市场竞争越发激烈，需求增长逐渐疲软。而如前文所说，大规模定制是一种能以较低成本和价格满足较高个性化需求的生产方式，能帮助企业寻找到新的需求增长点，将供需力量变化带来的挑战转变为新的竞争优势。

（三）制造业与服务业相互融合

制造业与服务业相互融合是产业发展的趋势。制造业和服务业的融合，一方面是因为消费者强调个性化、体验等因素，对产品和服务的期望越来越高；另一方面是因为供给方希望通过产品服务化或服务产品化，更精准地满足顾客需求、实现增值；同时，新一代信息技术的变革与应用，为制造业和服务业的融合提供了技术支持和可能路径。2021年全球市值最高的10家企业中，有7家企业依托的是平台经济：苹果、微软、亚马逊、谷歌、阿里巴巴、Facebook（2021年末，Facebook集团更名为Meta）和腾讯。平台经济包括销售市场、工业供应市场、社群制造市场等多方利益群体，是利益相关者共创价值和共同演化的地方。平台模式的核心是建立和打造生态系统，形成参与主体相互协助、相互影响、相互制约的机制，并构成一段时间内一个相对稳定的整体，帮助平台企业能够依托于平台生态系统来发展自己、实现价值的共创共享。具有吸引力的平台生态系统发展需要良好的平台设计和搭建能力，而越来越多的参与者加入平台生态系统中也能推动平台的升级和发展，产生显著的溢出效应。

（四）新业态与新模式

以物联网、"互联网＋"与大数据为代表的新一代信息技术加快了信息文明的进程，信息文明与工业文明、农耕文明成果的融合，使信息技术、数字技术、网络技术和现代管理理论在运营管理中得到综合应用。同时，信息技术加快了产品的更新换代，为消费者提供了全新的高水平产品和服务，极大地拓展了需求的深度和范围。随着产品更新换代加快，近30年出现的新技术和新产品，已远远超过过去2000年的总和。

新一代信息技术催生的消费互联网平台、工业互联网平台、物流互联网平台等带来了消费、制造、物流等新模式。消费互联网平台使企业更容易了解并掌握消费者的行为偏好，精确洞察消费者需求。工业互联网平台使企业在配置资源与能力时，从过去的纵向一体化转变为在价值网络中快速组建响应市场需求的价值共同体，借助共享设计与共享制造可为市场需求提供敏捷的系统服务解决方案。物流互联网平台使企业在更大的范围内和更多的行为主体中实现物流托运与承运的集并，大幅度降低了配送时间，提高了配送效率。共享制造、电子商务、协同物流等借助互联网技术，在更大的范围内、更多的主体中汇总需求和供给能力，实现了从零碎化到规模化的转变，在一定程度上为解决工业时代的管理悖论提供了可能。例如，通过工业互联网平台将顾客零碎、独立的个性化需求集并为场景化的规模需求，使企业能够敏捷、低成本、精准响应顾客的个性化需求；企业通过供应链上下游间的信息共享系统对市场需求进行集并，借助联合库存、越库作业、协同物流等新模式，降低了运输和库存成本。

新模式的出现对运营管理与决策提出了新问题，对消费者行为有更准确的分析和预测。这一变化使企业运营涉及的全过程与全要素，产品和服务的定位、设计、制造、分销、运输和服务等活动的组织方法及资源和能力的配置模式都发生了新的变化。线上和线下消费两者的整合成为主流，基于对消费者行为的预测可以制定合理的定价和促销策略，通过提供不同的个性化产品和服务来获得更大收益。"在线带货"和"在线购买，店内取货"等模式允许零售商跨渠道履行在线订单，需要通过大数据实现精准的需求预测来帮助制定合理的选址决策。

（五）可持续运营

资源、环境和人口三者日益突出的矛盾，正对人类的生存与发展造成严重威胁。随着全球环境的日益恶化，人们越来越重视对环境问题的研究。传统的生产中，以自然资源的高投入、高消耗为特征的短期"规模速度型粗放增长"，即消耗大量的不可再生资源，引起环境恶化和生态系统失衡，已严重制约了社会和经济的可持续发展，甚至直接威胁到人类的生存。不合理的、粗放的运营模式也会导致严重的资源浪费和环境问题。

随着能源和环境问题日益突出，各国政府开始认识到地球生态环境的脆弱性，以及环境污染对人类可持续发展的严重威胁。保护地球环境、保持社会可持续发展已成为世界各国共同关心的问题。我国作为"世界工厂"，产业链日渐完善，国产制造加工能力与日俱增，同时碳排放量加速攀升：以 2021 年为例，我国的总碳排放量超过 119 亿 t，占全球总量的 33%，是世界上碳排放量最高的国家；我国的人均碳排放量约为 8.4 t，超过发达国家的人均 8.2 t。党和国家高度重视绿色发展，绿色发展理念是习近平生态文明思想的重要内容。习近平总书记强调，中国坚持走生态优先、绿色低碳发展道路。他指出，绿色发展是生态文明建设的必然要求，推动形成绿色发展方式和生活方式，是发展观的一场深刻革命。习近平总书记还强调，绿色发展是构建高质量现代化经济体系的必然要求，是解决污染问题的根本之策。他指出，要坚决摒弃以牺牲生态环境换取一时一地经济增长的做法，让良好生态环境成为人民生活的增长点、成为经济社会持续健康发展的支撑点、成为展现我国良好形象的发力点。习近平总书记关于绿色发展理念的一系列重要论述，深刻揭示了经济社会发展与生态环境保护的关系、绿色发展理念与生态文明建设的关系，为我国经济社会发展和生态文明建设提供了基本指导。2012 年，党的十八大报告首次提出"五位一体"总体布局，即全面推进经济建设、政治建设、文化建设、社会建设和生态文明建设。2020 年 9 月 22 日，习近平总书记在联合国大会一般性辩论上向全世界宣布：中国将提高国家自主贡献力度，采取更加有力的政策和措施，二氧化碳排放力争于 2030 年前达到峰值，努力争取 2060 年前实现碳中和。

建立绿色低碳循环发展产业体系是基于我国当前现实背景的必然要求。企业需要推动产业结构优化升级，需要从"规模速度型粗放增长"转向"质量效率型集约增长"，从"绿色"与"增长"对立转变为"绿色"与"增长"统一，需要实现可持续运营。可持续运营是指服务和生产流程以不破坏用于支持现在和未来人类生存的生态系统的方式利用资源。可持续性意味着企业在进行决策时，评判标准显著地区别于传统的环境和经济指标，需要综合考虑经济、环境和社会的协调发展。可持续运营管理分为企业内部运营管理和外部运营管理，其中，内部运营管理包括绿色设计和绿色生产等，外部运营管理涵盖供应链上下游，包括绿色供应链等；管理视角分为正向供应链和逆向供应链；管理主题包括环境可持续运营和社会可持续运营。

第二节　企业管理的战略与实施

一、企业管理战略的制定

（一）企业内部资源

企业内部资源是指贯穿于整个企业经营、技术开发、生产制造、市场营销等各个环节的一切物质与非物质形态的要素，是企业经营管理过程中投入品的总称。企业内部资源主要分为两类。

1. 有形资源

有形资源主要是指物质形态的资源，如土地、厂房、库存、基础设施、机器设备等，以及其寿命、运行状态和企业的财务资源，如现金、债权、股权、融资渠道和手段等。

2．无形资源

无形资源主要是指由企业人员创造出来的非物理实体，如品牌、商誉、专利等技术资源、企业文化等。

通过价值分析发现，如果竞争对手不具备或无法模仿那些稀缺的资源，就可以为企业带来竞争优势。在分析和使用企业内部资源时，应注意以下四点。

第一，企业最重要的资源是人力资源。不同于其他资源，人力资源具备独特创造力和再生力，是企业发展的关键。把合适的人置于合适的岗位，发挥个体最大效用、实现恰当合理的配置是非常重要的。

第二，在现代企业中，任何一种资源都很难单独发挥效用，都需要同其他资源结合在一起发挥协同作用。为此，平衡企业内部资源的结构也就成了企业关注的焦点。

第三，资源的充足性是相对的，对某个企业而言，必然会出现某些资源的短缺，人们称之为发展"瓶颈"。因此，要以这些"短缺资源"或"瓶颈资源"为资源配置的基点，统筹匹配其他资源，形成合理的资源配置结构。

第四，企业的资源配置结构是动态变化的，随着技术与工艺的改进，以及员工劳动技能的提高而发生改变，需要及时加以调整。

（二）企业外部环境

企业在对内部资源和经营能力分析的基础上（即"知己"），要从外部去了解企业所处的环境条件，知道自己面临着哪些发展机遇，同时要接受哪些挑战和威胁，以便根据自身情况做出战略应对。如果将企业比作正在茁壮成长的小苗，那么外部环境就是其赖以生存的土壤。外部环境既为企业的发展提供养分，又制约着企业的发展。企业是社会环境的组成部分，它在发展过程中需要与外界进行交流，这种交流是双向的，但企业对外部环境的影响力是有限的。在纷繁变化的环境中，企业要想生存就必须去了解它、熟悉它、掌握它，最后适应它，而一味地对抗在多数情况下是徒劳的。这也正是企业战略制定过程中对于外部环境认知重要性的体现。

对企业经营活动产生影响的外部环境因素是多层面的，一般可以划分为宏观环境和产业环境。在分析企业外部环境时，首先要厘清它们之间的关系。

1. 企业宏观环境

对宏观环境进行考察，找寻其变化的趋势，可对产业环境和企业经营战略行为进行分析。宏观环境要素分析是制定适合企业发展战略的前提条件。作为企业经营者及战略制定者，要了解宏观环境各要素的意义及作用。

企业宏观环境是指其所在的特定市场的大环境，这里主要是指国家、地区层面的环境要素，涵盖政治/法律环境、经济环境、社会/文化环境、技术环境等。在过去的五十年，世界经济体系发生了重大变化，各个国家、地区的发展不再是单一、独立的，而是更多地融入全球化的体系当中，特别是包括中国在内的"金砖五国"（BRICS）等新兴经济体，在自身发展过程中也分享着全球化带来的收益。全球主要经济体之间的贸易额逐年增长，全球化使国家、地区之间联系密切。全球化也深刻影响着国家、地区的宏观环境。

分析宏观环境常用的方法是 PEST 分析法，其中包含政治/法律环境、经济环境、社会/文化环境和技术环境。

2. 企业产业环境

企业外部环境中的产业环境处于中观层次，可以说是宏观环境中相应因素在特定行业内作用的结果。相对于宏观环境因素，产业环境中诸多因素对企业在市场竞争中的影响更为直接，作用更为显著，因此产业环境分析是企业战略环境分析的重点和难点。在竞争过程中，企业获取超额利润的条件是处于一个具有发展潜力的行业中，并占据有利的竞争地位。战略竞争理论的提出，奠定了行业竞争发展的基石。"五力分析模型"的提出，为产业环境的分析提供了模型架构：在特定的市场领域中存在着同时具有竞争和合作关系、产品属性相近或相同、目标市场相近或相同的企业群体，它们构成了产业集群。在产业集群中存在着五种力量，它们分别来自潜在进入者、行业竞争对手、替代产品、供应商及购买方。

五种力量的综合状况，影响了企业产业环境中面临的竞争程度，也决定了企业的盈利能力。五种竞争力量中的任一种都会对企业产品价格和盈利产生影响，竞争力量强则对企业构成威胁，反之则视为机会。对于企业战略制定者和管理者来说，重要的是认清这五种力量会给企业带来哪些威胁和机会，并根据企业自身情况做出必要的战略应对。

（1）潜在进入者

市场对资源的配置起着调节作用。发展态势良好、投资回报率高的行业，会吸引新的竞争者进入，这些就是潜在进入者。它们给行业带来了新的生产资源，提升了生产能力；它们要求重新划分市场份额，希望在市场中占有一席之地，以获取更高的经营利润。对于现有企业来说，潜在进入者加剧了现有的行业内竞争，多数企业会联合起来抵制潜在竞争对手进入。多数潜在进入者是实力雄厚的、具备多元化经营战略的公司，它们利用其强大的综合实力侵入某一快速发展的行业中。

（2）行业竞争对手

在任何行业中，每个企业为了自身发展的需要，都会尽可能地提升自己的市场占有率，吸引新的顾客或是从竞争对手那里争夺顾客。为此，不可避免地会发生行业内的竞争。但有时行业内的竞争对手表现出一定的合作性，特别是在对抗潜在进入者和产品替代者时，又形成潜在的战略联盟。可以说，行业内竞争和合作并存，偏向于哪一方取决于4个方面：第一，行业内企业的数量和规模。行业内竞争对手间规模实力接近、企业数量越多，内部竞争越激烈。第二，竞争企业间产品差别化的程度。产品差别化越大，顾客对同类功能产品选择的余地越小，就会缓解相互竞争的压力，反之，则会激化相互竞争的压力。第三，市场的增长度。新兴行业的市场增长度较快，迅速扩大的市场规模带动企业快速增长，行业内企业不需要激烈的相互竞争就可以满足自身发展的需求，这种竞争比较缓和；相反，如果市场规模增长缓慢，甚至滞涨或萎缩，行业内的企业间竞争则会日趋激烈。第四，行业的退出壁垒。退出壁垒是指企业想退出某行业时所需付出的代价，包括相关资产的处理、人员的处理、企业声誉的影响，以及相关心理因素的影响等。退出壁垒越高，企业付出的代价也就越大，特别是企业在经营困难时很难承担，为此只能投入惨烈的行业竞争中，去谋求一线生机。

（3）替代产品

任何产品都是为了满足消费者的某些具体需求而存在的，随着科学技术的发展，同样或者类似功能的替代产品越来越多，有的甚至是行业间的替代竞争。

行业内的竞争和潜在进入者的威胁对企业来说固然值得关注，但替代产品的威胁有时却是致命的。

（4）供应商

对于供应商威胁，主要考虑的是其市场议价能力。作为供应商，更希望提高其产品价格或降低生产运营成本（适当降低产品质量和服务质量）来获取更高利润，这就与本产业的发展期望相背离。

（5）购买方

购买方和供应商的议价能力存在着内在联系，对于供应商的分析可以从相反的方向应用到购买方身上。行业内的企业对于供应商而言是购买方，希望得到物美价廉的物品；而对于购买方而言自身又是供应商，自然希望以较高的价格将产品售出。为此，对于行业内的企业而言，无论是供应商还是购买方的议价能力，都关系到最终的企业经营利润。

"五力分析模型"为企业战略产业环境分析提供了一个缜密的、严谨的分析模型，作为常用的战略分析工具，其在理论和实践过程中的重要性毋庸置疑。但该模型也有局限性，因为如果从一个经济学家的角度去看待产业竞争中相关要素之间的关系，诠释的是利润率的模型，反映的是一种静态的、从经济学角度出发的研究思路，而实际情况要复杂得多。

在对企业外部环境和内部环境进行分析后，根据分析的结果和企业发展的愿景目标来设定企业战略，首先要了解的是企业战略层次。

（三）企业战略层次

企业战略由高至低可以划分为 3 个层次：公司战略、经营战略和职能战略。战略的层次划分，可以使企业整体战略保持统一，完善企业资源的分配和调度规划，最终满足企业长远发展的要求。企业的战略层次划分是与企业战略管理层次相对应的，保证了权责的对等和统一。公司战略处于最高层，是总体战略；经营战略处于中层，属于业务单元的竞争战略；职能战略处于底层，是由公司战略和经营战略所决定的。上层战略对下层战略起到指导、约束和规范的作用，而下层战略对上层战略起到支持、服从和细化的作用。

1. 公司战略

公司战略，也称总体战略或集团战略，是指由公司最高层管理者制定的企业最高层战略，决定了下层的经营战略和职能战略，目的是实现股东投资收益的最大化。公司战略具有长远性、全局性、基础性，决定了企业发展的方向，展现了企业的核心经营理念和价值观。制定公司战略，应考虑的根本问题是如何保证企业在当前的经营业务领域及未来可能进入的业务领域保持长久的竞争优势和盈利能力。其中，考虑的问题主要有两个方面：一是企业在经营中应该做什么，明确企业的使命和愿景，划定企业经营的业务是什么、重点在哪里；二是如何通过顶层设计将企业资源进行合理配置，明确方式方法，以实现在相关业务领域获取竞争优势的愿景。

2. 经营战略

经营战略也称竞争战略，是处于战略层级中层的业务单元战略，是公司战略的子战略，主要涉及如何在市场中竞争，是对某一业务进行的战略规划。经营战略是指由公司下属的各事业部、子公司及业务单元的最高管理者制定的，在公司战略的基础上，从事业部、子公司及业务单元的视角去看待企业经营中局部性的战略问题。其主要关注在行业内的特定细分市场中，应该研发哪些产品或服务来满足现有市场及未来市场的需求，以及顾客的满意程度，进而构建业务单元的可持续竞争优势。

3. 职能战略

职能战略是由企业的职能部门为了能够更好地实施、贯彻和实现公司战略和经营战略而制定的。其关注的重点是提升职能组织内部相关资源的利用率，提高职能组织的运行效率，进而降低成本。各职能部门既要从本部门工作特点出发制定相应的策略，也要与其他部门进行协调、合作。从内容上讲，职能战略更为详细，操作性更强，可以转化为具体的实施方案。根据职能部门的划分，职能战略可以分为采购战略、生产战略、研发战略、销售战略、人力资源战略及供应链战略等。虽然职能战略是公司战略和经营战略的延伸和细化，但每个部门职能不同，在选择影响部门业务的关键控制变量时就会有所差异；即使是同一部门，在不同时期和外部环境下，变量也会发生变化。

（四）企业管理战略的分析和选择

1. 企业管理战略的分析方法——SWOT分析法

SWOT分析法又称态势分析法，最早是由管理学大师安索夫于1956年提出的，现在已经成为制定企业战略常用的分析工具。SWOT分析法包括4个方面，即优势（Strengths）、劣势（Weaknesses）、机会（Opportunities）和威胁（Threats）。它是指对企业所处的内外部条件进行综合、概括，分析组织拥有的优势与劣势、面临的机会和威胁，从而寻找出最适合企业发展战略的方法。其中，优势和劣势是由企业内部环境决定的，机会和威胁则受企业外部环境影响。

运用SWOT分析法，可对企业自身内部条件和外部环境信息进行收集、分析和转化，过程中需要企业的管理者、行业专家及咨询机构进行充分讨论、反复修正，既要对自身具备的资源和条件有清醒的认识，又要对外部环境有敏锐的洞察力。SWOT分析法侧重于对企业的战略进行定性分析，只需相关的必要数据，而无须进行大量数据的收集和分析，这极大地提升了战略制定的效率。

对企业内部进行审视，可以使企业进一步明确自身具备的核心能力和市场竞争优势，可以更好地做到"知己知彼"。SWOT分析法也存在着不足之处，主要表现在采用格式化的分析方式，分析过程过于机械，缺少必要的中间验证过程，不能得出更为明确的战略建议。此外，在分析过程中，对参与分析的人员的专业素质要求较高，团队人员构成方面要尽可能多样化，避免由于人员认知的倾向性导致战略分析偏离实际。

2. 企业管理战略的选择

战略的选择过程是一个决策的过程。企业经营者应从战略分析中找寻企业的定位，制定公司战略的预选方案，并由战略的决策者使用优选的方法，考虑影响企业经营的各种因素，选择最适合企业当前和未来发展的战略方案。其中，影响决策者判断的因素主要有以下4个方面。

其一，企业对外部环境的依赖度。企业外部环境对企业经营有重要影响，但所处不同行业的企业对外部环境的依赖度不尽相同，更新换代快速的行业对技术变革的依赖性更强，而与能源、基础设施相关的行业对宏观经济和法律政策的变化更为敏感。总体来说，对于外部环境的依赖度越大，企业战略调整的范围和灵活性越小，越容易受外部环境的约束。因此，战略决策者对于企业发展与外部环境之间的关系要有清楚的认识，避免做出方向性的误判。

其二，企业已有战略模式的影响。企业的发展战略本身就具有企业独特的"DNA"，战略的选择和调整或多或少会受到已有战略模式的影响。这一方面是战略延续性的体现；另一方面受战略决策者惯有认知思维模式的影响，使之更倾向于选择与以往战略相似的模式。这就要求战略决策者打破固有思维模式，从多个角度去思考企业发展的路径，挖掘发展潜力。

其三，时机的选择。企业在选择发展战略时也应注重时机。战略决策者能否洞察先机且抓住时机制定和实施战略，在很大程度上决定了战略的成败。所以，战略的制定要及时，要恰逢其时。

其四，竞争对手的反应。企业的战略不是孤立的，与前文所述的"五种力量"密切相关，特别是行业内的竞争对手。今天，行业内的竞争对手间不再单纯只为竞争，更多体现出的是一种竞合关系，因此，企业选择的发展战略还要从竞争对手的角度去思考，考虑竞争对手会做何反应、反应的强度如何，以及怎样去应对竞争对手的反应。

通过上述因素分析，综合考虑各种因素后，选择企业最优发展战略方案，避免将战略片面化、静态化、绝对化和功利化。战略不是固定的程式，不仅仅是为了企业的运营，它不是某些人一时的灵感，也不是通过简单的战略工具分析就可以得出的。战略是企业在市场中的自我定位，是企业经营的观念，是企业为了长远的生存和发展制定的计划和谋略，是一种先判断后验证的过程。

二、企业管理战略的实施过程

通过分析、选择战略后，应考虑如何将其转化为实际行动，也就是进入战略的实施阶段。在这一阶段，企业经营者要根据战略内容进行资源配置，消除在战略实施过程中发生的或潜伏的对抗与冲突，定期对战略计划实施效果进行检查和调整。战略的制定需要的是分析和决策能力，而在战略实施过程中强调的是执行能力和解决问题的能力。战略执行中会遇到各种各样的抵抗力量，需要协调和平衡各方利益、解决冲突，因此可以说，战略实施过程比制定过程更困难、更复杂。具体而言，战略实施过程可以划分为四个阶段，分别是战略发动阶段、战略计划阶段、战略运作阶段、战略评价与控制阶段。

（一）战略发动阶段

在这一阶段，企业战略实施的领导者要研究如何将企业战略的理念转化为企业员工的实际行动，得到广大员工的认同，并调动起员工为实现新战略而行动的积极性和主动性。这就需要对企业管理人员和员工进行培训，向他们传播新的经营理念、发展目标，提出新的口号，根除不利于新战略实施的旧观念和旧思想，使大多数人能够接受新的发展战略。新战略在开始实施的阶段，必然会使很多人产生各种疑虑，特别是企业中各部门的老员工。如果这些员工不了解新战略，甚至对新战略产生误解，新战略就很难得到广泛支持和拥护，也就不能及时、准确地贯彻执行。

因此，要向广大员工讲清楚企业内外环境的变化给企业带来的机遇和挑战、原有战略存在的各种弊病、新战略的优点及存在的风险等，使大多数员工都能够认清形势，认识到实施战略的必要性和迫切性，树立信心、打消疑虑，坚定为实现新战略的美好蓝图而努力奋斗的决心。在发动员工过程的中，要努力争取战略的关键执行人员的理解和支持，企业的管理者要考虑组织的调整和人员的调配，扫清战略实施的障碍。

（二）战略计划阶段

战略计划阶段是指将经营战略的目标进行分解，划分为几个实施阶段，每个战略实施阶段都要设定相应的目标，确定政策措施、部门策略及应变方案等。根据各个阶段完成目标的时间表，进行下一步工作细化，将战略目标逐级分解，根据远期目标概括、近期目标详尽的原则制定具体方案，同时要注意各阶段之间的衔接，避免出现各阶段分离的情况。在战略实施的初期，要做好新战略与旧战略的转换衔接，减少因调整带来的损失。制定的计划应遵循目标统一化、方案具体化、操作可行化、效果可视化、时间明确化的原则。此外，应加强部门间策略、方针的沟通，步调协调一致。

（三）战略运作阶段

在企业战略的运作阶段，要建立、完善相应的考核与激励机制，提升和保持战略实施的动力；同时，要优化企业的组织机构，建立统一的战略领导机构，建设符合企业发展战略要求的企业文化，完善信息系统的建设，加强信息沟通。

（四）战略评价与控制阶段

战略在执行过程中应该是可控的。企业通过对战略执行过程的评价与控制，可以适时审视战略方案是否符合环境变化的要求，最终实现战略目标。这一阶段主要是建立控制系统，健全监测标准，根据评估纠正偏差。战略的评价与控制，是对战略有效性的后期检验。

在各个阶段中，战略实施的管理者和执行者会遇到诸多问题、困难，为了及时、有效地应对，应遵循以下基本原则。

第一，统一领导指挥的原则。在战略实施过程中，涉及多方面的变化，如资源的重新分配、组织结构调整、人员重组等，而这些过程涉及多方利益，稍有不慎就会功亏一篑。因此，在战略执行过程中，企业上下要时刻保持统一的意志和坚定的决心，这就需要有一个强大的领导核心。多数情况下，战略推进的领导核心由企业的最高层管理者担任，他们具备全局观，参与企业战略的制定，对其有更为深刻、清晰的理解，同时掌握企业的资源调配权力。可以说，战略的实施是"一把手工程"。

第二，锲而不舍的原则。在战略实施过程中，必然会遇到很多问题，有很多问题会给企业带来经营上的阵痛，如销售额下降、市场占有率滑坡、资金链紧张等，这些问题都是随着战略的深入推进可能遇到的正常现象。这就需要战略实施的领导者能够正确判断，认清表象与实质，依靠其坚韧不拔、锲而不舍的精神，以及过硬的心理素质和非凡的智慧去化解。

第三，审时度势的原则。企业的战略是在分析现有条件的基础上进行的科学预测和假设，必然会存在预测效果与事实不符的情况。这就需要以发展的眼光去看待企业战略目标的调整。通常情况下，企业是针对中短期目标进行调整，而长期发展的方向不会改变。在调整过程中，必须进行严谨的分析和审慎的评估，在科学判断的基础上进行调整，避免意气用事、随意调整。

第三节　企业运营管理的本质与战略

一、企业运营管理的本质

企业运营管理的本质在于根据客户需求生产优质的商品和提供良好的服务，借助运营管理的思想、工具和方法促进绝大多数人的职业生涯发展。会计人员通过对企业存货管理、能力利用和用工标准的了解，可以更精确地收集成本数据、提供更客观的财务报告；财务经理也可以据此判断企业投资方向、预判现金流状况，以及更高效地管理流动资产；营销人员借助运营可以更好地满足客户要求，使质量、成本和交货期都能符合或超过客户预期；人力资源经理通过运营管理能够更好地进行工作设计和更有效地制定激励政策。

运营是指将组织的业务活动及其成果与顾客的需求连接在一起的过程。运营既包括有形产品的转换过程，也包括无形产品的转换过程。

在组织内部，运营管理职能部门的职责通常被描述为生产本组织的产品和服务，并提供给内部或外部的顾客或用户。因此，运营管理是对组织向社会提供产品或服务整个流程的计划、设计、组织和控制。运营管理给人们提供了一个认识运营的途径，可以帮助人们设计、管理、推进组织的运营在一个有序的氛围之中。运营管理者或运营经理就是设计、管理和改进组织工作过程的人。

（一）运营管理的过程分析

运营管理的一个主要方面就是关注流程。简单地说，流程就是工作的过程。由于流程在运营中起着重要的作用，运营经理会经常运用各种分析方法和技术分析流程。运营管理还可以描述为组织在实践中学习理论的过程，因为运营管理从组织的成功或失败中总结经验教训，并把这些经验教训提供给他人。学习运营管理可以使人们学会运用一些工具去分析一个独立的组织或是多个组织的运营，并为组织未来的竞争做好准备。运营管理过程由运营的 4 个"P"构成和联结在一起，即政策（Policies）、实践（Practices）、流程（Processes）和绩效（Performance）。

政策阐明了组织的目的、目标和包括运营在内的战略。政策建立在组织想要做的事和达到的目的基础之上。政策是构成组织使命的一个重要部分，战略则关注于组织如何达到目的。政策通过对系统、流程和技术的描述来定义实践，并说明组织在供应商、顾客之间的适当地位。政策如果脱离了适当的实践就不能被实现。

政策还需要绩效的调节。绩效描述了组织在时间、成本、质量和交货期方面所取得的成绩。政策的要求通常与所取得的绩效水平存在一定的差距，运营经理经常需要提出改进措施来缩小差距。

绩效与实践紧密地联系在一起。例如，许多组织通过采用新技术或新方法改善了它们的运营绩效，包括减少使用面积、降低存货水平和实现更快的周转。这些改善最终都会在财务报表中体现出来。现代组织不断地改变它们的实践去推进绩效，因为商业环境竞争比以往任何时候都激烈。

政策和实践还决定了采用什么考核方法来衡量绩效。例如，关键绩效指标（Key Performance Indicator，KPI）中的顾客服务时间、成本、质量等能很好地反映运营职能部门的工作业绩。实践结果证明，组织明确地将4个"P"联结在一起，可以显著地提高运营绩效。

（二）运营管理的主要特征

1. 运营管理的总体特征

运营管理的总体特征，是指不论是制造型组织还是服务型组织在其运营流程中都存在的特征。从流程的视角来看，运营管理的总体特征可以用两个指标来描述：产量和品种。追求产量是所有组织的共同目标，其目的是达到经济学家所说的"规模经济"。高产量的产品，如汽车、消费类电子产品、快餐等就是典型的例子。一般而言，在追求高产量的同时很难追求多品种。例如，在确定汽车的品种时，需要设想不同的外形、不同的发动机、不同的颜色等可供顾客选择的项目，但实际上这些可供选择的项目数量很有限。因此，种类繁多仅仅是感觉而不是现实。与此相反，低产量的产品或服务通常都能提供比较多的品种。

此外，有两个衡量组织运营环境性质的尺度。第一个尺度是组织的产品和服务所在市场的竞争激烈程度。从总体上讲，高产量的组织通常都在同一个竞争激烈的市场中运营。极端的例子是汽车和电脑的大众市场，这个市场已经进入全球化过度竞争阶段。第二个尺度是组织在供应链或供应网络之中所处的位置。不论这个组织从事制造业还是服务业，都是供应网络或供应链中的一部分。它们可能给终端用户直接提供服务，或者通过它们的产品间接地提供服务。

2. 运营管理的分类特征

尽管将组织划分为纯粹的制造运营与纯粹的服务运营将会使问题简单化，但是在实际生活中，绝大多数组织同时为它们的顾客提供服务和产品，而只有很少的组织可以被称作"纯粹的制造"或"纯粹的服务"。如今的产品都被复杂、精良的服务所围绕，制造型组织正在被转化为以制造为核心的服务型组织。举例来说，像安装、维护、维修、技术指导这类服务，常常和电冰箱、洗衣机之类的家用电器一起被提供；像文字处理或空白表格程序之类的软件运用，则通常是同光盘和技术说明指南一起提供给用户。然而，制造与服务可以根据以下特征进行区分。

（1）可触摸性

可触摸性是指组织的产出是否可以被触摸到。服务往往是无形的，而制造的产品是有形的。

（2）可储存性

可储存性是指组织的产出是否可以被保存。服务往往不能被保存，而制造的产品能够被保存。

（3）可运输性

可运输性是指组织的产出是否可以被移动。制造的产品往往能够从一个地点移动到另一个地点消费，而服务只能在提供服务的地点消费。

（4）可转让性

可转让性是指产品在售出时所有权会发生转移，而服务则没有所有权转移的问题。

（5）生产和消费的同时性

生产和消费的同时性是指产品的生产往往先于顾客的消费，而服务是生产与消费同时发生。

（6）质量可测性

质量可测性是指产品的质量通常由产品本身体现且在消费之前可以被衡量，而服务质量则只能在服务过程中感受到，且在消费之前不能被度量。

二、企业运营战略

（一）运营战略的相关概念

1. 战略

每一个组织都关心其产品或服务在市场上的竞争力，以及企业长期成长的问题。这些问题都属于组织的战略问题。战略是指一种将组织的目标、政策和行动结果整合成一个凝聚总体的模式或者计划，它的目的是为企业的生存、赢利、发展指明方向和提供行动方案。因此，战略是为组织确定方向和行动方案的指南。一个好的战略能够帮助组织很好地汇集资源和配置资源，可以使企业在竞争中扬长避短，从容应对环境的变化和竞争对手的行动。

企业战略中两个关键的概念是组织资源和组织状态。组织资源是指组织所具有的一系列资产和能力，包括职能强项、技术水平、产品开发和运营过程能力、市场份额与分销渠道、营销能力等。组织状态是指为获得竞争优势而进行的资源配置的优劣程度。资源配置是指企业资源和能力的匹配水平和模式，资源配置的优劣将决定企业的能力。

2. 战略层次

战略的意义体现在 4 个方面：其一，评估并界定企业的生存基础；其二，建立和维持企业的持续优势；其三，规划并执行实现目标的系列活动；其四，形成并确立资源分配过程的指导原则。

企业的目标是多层次的，不仅有企业的总体目标，还有企业内部不同层次业务和项目的目标，从而形成一个完整的目标体系。相应地，企业战略也是一个完整的体系，是多层次的。一般来说，大型多元化经营的企业，其战略可以划分为 3 个层次，即公司层面战略、业务单位战略和职能战略。

（1）公司层面战略

公司层面战略又称为公司层次战略、公司战略、总体战略或综合战略，是指关于企业全局发展整体性和长期性的战略。公司层面战略所关注的是选择企业有能力进入且能有效竞争的业务领域（Industry，也称为行业、产业），合理配置现有的资源和能力，使各个业务领域能够相互支持、相互协调，从而使企业的综合效益最大化。因此，寻找新的、成长性好的业务领域，判断现有业务领域的前景、投资、撤资、兼并与收购，以及整合与重组是公司层面战略的主要内容。单一业务企业（仅在一个行业经营的企业）通常没有公司层面战略。

（2）业务单位战略

业务单位战略又称为业务战略、行业战略或经营战略，是指关于企业在一个业务领域（一个行业或产业）或几个相关业务领域中生存、赢利和发展的战略。因此，行业竞争是业务单位战略的主题，竞争战略是业务单位战略的主体。大型多元化经营的企业，通常在组织上将具有共同战略因素的若干事业部或子公司组成一个战略业务单位（Strategic Business Unit，SBU），每一个战略业务单位一般都有自己独立的产品和市场，而指导战略业务单位经营活动的就是业务单位战略。业务单位战略所关注的是业务领域的经营环境、竞争态势、竞争能力、市场份额和拥有资源的有效利用，使企业在特定业务领域的经营效益最大化。业务单位战略为公司层面战略提供经营效益支持并受公司层面战略的制约。因此，分析经营环境、获得竞争优势、培养竞争能力、获取经济效益是业务单位战略的主要内容。

（3）职能战略

职能战略是企业战略体系中的第三个层次，又称为职能部门战略，是指关于企业内部主要职能部门的短期战略（相对于公司层面战略和业务单位战略的长期性而言）。职能战略所关注的是在实施业务单位战略过程中有效运用经营职能（如研发、营销、运营、财务、人力资源等），使企业经营效率最大化。职能战略为业务单位战略提供经营效率支持并受业务单位战略的制约。因此，获得新的资源和能力（如资金或人力）、最大限度地利用现有资源和能力、提高产出、降低投入、增加收入、协同职能活动、提高工作效率是职能战略的主要内容。

如果企业的规模较小，企业的战略可能只包括业务单位战略和职能战略两个层次。

3. 运营战略

运营战略是指以利用企业主要资源最有效的方式支持业务单位战略获得竞争优势，使企业整体效益最大化的长期规划。运营战略还可以被定义为在价值链上支持竞争战略实现其战略目标的一系列决策。

在市场竞争中，企业获得竞争优势的主要途径有两个：低成本和差异化。运营战略对低成本或差异化的支持体现在以下 3 个方面。

第一，对成本领先战略的支持。成本领先战略是指在一个相对成熟、稳定的市场环境中，以比其他竞争对手相对低的价格向顾客提供定位良好的可接受产品或服务的战略。运营战略通过注重工作质量、注重生产率、严格控制成本、高度标准化的运营系统对成本领先战略提供支持。对于一家制造型企业来说，精益制造系统是很好的选择。

第二，对差异化战略的支持。差异化战略是指在顾客的特殊需要繁多的市场环境中，以持续创新性设计向顾客提供多样化和个性化产品或服务的战略。运营战略通过小批量、多品种、定制化、低成本、高质量、高度灵活性以及具备高水平技艺能力的员工的运作系统对差异化战略提供支持。对于一家制造型企业来说，柔性制造系统是很好的选择。

第三，对竞争环境变化的快速反应。在竞争环境中，运营职能需要对不可预见的变化做出快速反应。运营战略通过与顾客、供应商协同产品设计，以及灵活简捷的运营系统对环境变化提供快速反应支持。对于一家制造型企业来说，敏捷制造系统是很好的选择。

（二）运营战略的模式

不同的运营系统具有不同的特征，需要不同的技能和管理手段，在成本、质量、时间方面会产生不同的运营绩效。然而，运营系统的基点或目的是一致的，都需要运用恰当的系统生产恰当的产品或服务，并在恰当的时间将恰当的产品或服务送交恰当的顾客。对于企业来说，了解运营系统手段的差异性和目的的一致性是至关重要的。运营战略在假设资源（流程）和目标（市场需要）匹配的前提下，根据理性逻辑的思路提出了 3 种不同模式的运营战略。

1．产品—流程矩阵

产品—流程矩阵通常用来描述流程结构与批量要求之间的关系。从一般意义上而言，产品的生产流程可以分为 5 种类型。

（1）项目流程

项目流程由一些专门为特定产品设计的符合客户要求的独立步骤所构成，用以生产那些仅运营一次的产品或服务，这些产品可能永远不会再进行生产。典型的项目流程有新产品试制、复杂的外科手术、业务咨询、建筑工程、军队部署、轮船或飞机等产品定制。

（2）加工车间流程

加工车间流程专注于提供种类繁多的产品及服务，但每一类产品或服务的批量相对于项目流程要大一些。加工车间包括通用的机器车间、大多数服务定向行业企业、修理工厂或车间、医院等。

（3）批量生产流程

批量生产流程也提供品种繁多的产品或服务，但与加工车间流程不同的是，它们提供每种产品及服务的数量较多，而且具有相似的流程。典型的批量生产流程存在于出版机构、航空公司及大量的手工制造业企业中。

（4）流水线流程

流水线流程以固定的模式生产大批量的产品，整个流程被分成许多相对简单的操作环节，使用专门的资源（如专用设备和专门人才）完成各自的简单操作。通过组织和整合所有简单操作，使整个流程具有很强的连续性。"简单"和"重复"是每一个具体步骤的基本特征。由于实现了高度标准化，流水线流程非常适合采用自动化设备。典型的流水线流程有汽车生产、快餐生产和大多数消费品生产。

（5）连续生产流程

连续生产流程与流水线流程相似。二者的区别在于，连续生产流程用于生产那些持续不断的特定产品（如石油、钢铁、化工原料、纸等）而不是独立产品（如汽车、电子产品等）。

产品—流程矩阵可以使企业的运营经理在备选流程中选择恰当流程时，根据下列标准评价现有资源和现行状态之间的"战略匹配"：第一，每个备选流程的长期成本和短期成本如何；第二，每个备选流程在成本、质量、生产周期和产品易获性方面都能提供哪些优势；第三，每个备选流程在原材料、能源、基础设施、管理技能方面都需要哪些投入。

2. 服务—流程矩阵

服务—流程矩阵，最初根据影响服务流程性质的两个主要维度（垂直维度和水平维度）对服务进行分类。

垂直维度衡量劳动力密集程度，是指在服务运营系统中劳动力要素投入与资本要素投入的比率。水平维度衡量顾客定制化程度。顾客定制化程度是指顾客的个性化要求影响企业提供服务的内容和性质的程度。顾客定制化服务的相对概念是标准化服务。如果服务是标准化而非定制化，如在麦当劳就餐，吃的都是制成品，则顾客定制化程度就低；反之，顾客定制化程度就高，如医生为病人提供的治疗方案，医生必须针对每个病人的具体情况提供不同的医疗服务。

为了反映服务企业的不同性质，服务—流程矩阵的 4 个象限被赋予不同的名称。"服务工厂"提供标准化服务，需要较高的资本投入，更像是一家流水线生产厂。"服务作坊"则允许有更多的定制化服务，但它们是在高资本环境下经营的。"大众服务"的顾客在劳动力密集的环境中得到无差别的服务，但那些寻求"专业服务"的顾客会得到经过特殊训练的专家为其提供的个性化服务。

运营战略的理性逻辑在劳动力密集度和顾客定制化的基础上，又增加了顾客接触因素。顾客接触是指在运营系统工作时，顾客同时存在于系统之中并与服务提供者互动，接触的程度以为顾客服务的时间占运营系统工作总时间的百分比来衡量。接触程度高（服务时间百分比高）的运营系统被称为高接触系统，接触程度低的运营系统则被称为低接触系统。低接触系统，如银行的支票处理流程，由于制造业中的许多有关流程的概念和原理同样适用，因此也称为准制造系统。

顾客接触程度、服务定制化和劳动强度三者都低的服务业，其运营系统类似于制造业，其运营战略基于设施、流程技术和供应链的结合。例如，某些连锁快餐店为了获得规模经济，产品制作集中进行，而服务则分散提供，其战略重心是效率和质量。随着顾客接触程度的增加，劳动强度将会变成主要影响因素。劳动强度低的服务业，服务设施和流程技术会给顾客带来深刻印象；劳动强度高的服务业，人力资源则成为其成功的关键因素。随着定制化程度的提高，能适应顾客要求的产品设计和流程技术变得越来越重要，因此，产品和流程技术就成为顾客定制化服务业的战略焦点。

3. 自助服务

自助服务是指机器设备、信息技术与顾客需要相结合的产物。服务流程是指由顾客自己或由设备自动完成的。提供服务的企业仅投入资本要素，当顾客需要服务时，自己操纵机器设备或自己动手来满足自己的需要。自助服务可以降低服务企业的劳动力密集度、消除顾客的紧张感、提高服务的定制化程度。自助服务主要有以下4种类型。

（1）固定顺序型

固定顺序型是指按照预定的顺序、条件和位置，分别执行连续性特定操作的机器、设备或装置，但不能改变已设置的程序，如自动售货机、自动售报机、自助餐厅旋转流水线服务系统等。

（2）变动顺序型

变动顺序型类似固定顺序型自动机器，但容易改变已设置的程序，如自动出纳机、自动汽车清洗机等。

（3）智能型

智能型是指带有类似视觉或触觉传感器等传感接收装置的机器，它能探测其工作环境或任务的变化并具有自我决策能力，如食品店自助服务付款机、药品自动分发系统等。

（4）全自动化系统

全自动化系统是指完成生产产品或提供服务所要求的各种体力和智力任务的电脑机械系统，如电子转账系统、电子订票系统等。

如今，顾客不愿花费太多的时间用来忍受不必要的等待。零售、银行、航空等行业将战略定位于顾客自助服务，可以在减少与顾客接触和降低劳动力密集度的同时提高定制化程度。为了缩短顾客在前台的等待时间，某航空公司投入数百万美元建设机场的自助服务设施，在该航空公司的自助服务处，顾客仅凭一张智能卡就可以办理登机、行李检查、打印登机牌、选择或更改座位，甚至调换航班等业务。在自动化流程的帮助下，仅随身携带行李的旅客只需要 30～60 秒就能完成登机手续，而托运行李的旅客不到 2 分钟也可完成登机手续，比人员服务的时间平均减少 10～15 分钟。

第二章　企业运营管理的职能

第一节　企业运营的库存管理

一、库存认知

（一）库存的定义与类型

1. 库存的定义

库存（Inventory or Stock）是指一个组织为满足未来需要而储备的物质资源。传统上，制造业的库存，一般是指原材料、产成品、零部件、低值易耗品及在制品；在服务性行业，库存一般指用于销售的有形商品及用于管理服务的耗用品。

库存是用于将来目的而暂时闲置的资源。闲置的资源可以在仓库里、生产线上或车间里，也可以在运输中。由此看来，库存与其所处的运动或静止的状态没有任何关系，对于资源来说，只要存在着闲置的状况，我们都可以将其视为库存。显然，库存与其字面上的"库"没有任何必然的联系。由此看来，国内学者常常将库存翻译为"存储"或"储备"是有其渊源的。

2. 库存的类型

库存按照其作用，可以分为周转库存、安全库存、预期库存和在途库存。

①周转库存。周转库存的发生基于这样的成本节约：当生产或订货是以每

次一定数量，而不是以每次一件的方式进行时，单位生产或订货成本就低，同时还有可能享受价格折扣。这种由生产或订货批量，周期性形成的存货就是周转库存。每次的订货量越大，两次订货之间的间隔，即订货周期越长，周转库存也就越大。

②安全库存。安全库存又称为缓冲库存，是为了应对需求、生产或者供应的不确定性，预防由此而产生的缺货损失而设置一定数量的库存。例如，订货未能按照预定的时间到货，生产过程中意外使得生产不能按计划进行等。设置安全库存的方法一般有两种，其中一种就是规定储存一定时间的供应量作为不时之需。例如，假设从发出订单到货物到位需要20天，如果提前30天发出订单，那么安全库存量就是10天的需求量。另一种方法是每次的订货量适当大于库存周期内的需求量，多余部分就是安全库存。

③预期库存。预期库存也称为调节库存、季节性库存，许多产品的需求或供应（生产）在一年中有可以准确预测的季节性需求变化，为了调节这种不均衡，而在各个时期确定不同的库存，就是预期库存。例如，季节性需求产品（如空调、煤炭），为了保持生产能力的均衡，在需求淡季（冬季、夏季）生产的产品作为预期库存，以满足旺季的需求。有些季节性较强的原材料，也需要设置预期库存。

④在途库存。在途库存是指处于相邻两个工作地点、相邻两级销售组织之间的库存，包括处于运输状态的库存。在途库存一般取决于在此期间的需求速度和运输时间。

（二）库存的主要作用

所有的企业都要保持一定的库存，其原因如下：

第一，保证生产的连续性。现代生产条件下，生产过程的各个阶段都要求按照精确规定的时间和数量取得生产物资，这就需要在不同的生产环节和岗位上设立一定的缓冲，储备一定数量的物资（原材料、在制品和成品）。

第二，满足市场需求的变化。市场需求是不断变化的，企业不能事先准确预测，所以必须保持安全库存以防范需求的突然变化。

第三，增强生产计划的柔性。产品的需求往往是随时间变化的，库存能够减轻需求旺季的生产压力。这样在制定生产计划时，就可以通过扩大或缩小生产批量使生产流程更加有条不紊，并降低生产成本。

第四，利用批量订购（生产）的好处。由于订货需要一定的费用，需要一件采购一件可能是不经济的。如果一次采购一批，分摊到每件物品上的订货成本就能减少。对生产过程来说，采用批量加工同样起到分摊生产准备成本的作用。另外，批量采购很多时候还可以获得价格折扣的优惠。

第五，避免价格上涨。有时实际物价要上涨，为了避免增加成本，企业就会以超过平时正常水平的数量进行采购。

库存虽然有如此重要的作用，但不是库存越多越好。因为过多的库存会占用大量资金、增加管理成本，同时还会增加损坏变质的可能性，所以库存管理要使库存不断减少，力争在尽可能低的库存水平（库存成本）下满足需求。

（三）库存成本的类型划分

库存管理中，在满足需求的条件下，一般以库存成本的大小作为标准来评价确定库存方案。实际计算时，常用一年或一个生产计划期（库存周期）内的总成本或单位时间内的平均成本来衡量。库存成本可以分为储存成本、订货成本、生产准备成本和缺货成本。

①储存成本。储存成本的范围较为广泛，包括货物占用资金的机会成本，以及存储设施的使用成本、保管费用、货物损坏变质的损失、保险费、折旧费用等。显然，储存成本高则应保持较低的库存量并经常补充库存。

②订货成本。订货成本包括两项费用：一项是订购费用（固定费用），如手续费、差旅费等，它与订货次数有关而与订货数量无关；另一项是货物的采购成本，如货物本身的价格、运费等，它与订货的数量有关。在多数情况下，采购成本与一次订货的数量无关，即无论每次的订货量是多少，全年所要支付的采购成本都是一样的（等于货物单价乘以年需求量），因此在确定最优订货量时可以不予考虑。

③生产准备成本。补充库存时，如果不需要从外部订货，而是由企业自行生产，这时需要支付两项费用：其一是装置调整费用，如组织或调整生产线的有关费用，添置某些专用设备的费用，它和组织生产的次数有关，而和每次生产的

数量无关；其二是与产品的数量有关的费用，如材料费、加工费、人工费等。

④缺货成本。缺货成本是指当库存供不应求时所造成的缺货损失，如失去销售机会的损失、停工待料的损失、延期交货的额外支出，以及不能履行合同所缴纳的罚款等。

二、库存管理的分类

（一）单周期需求和多周期需求

对商品、货物的需求，可以分为单周期需求与多周期需求。所谓单周期需求，即需求只发生在比较短的一段时间内，或库存时间不太长的需求。偶尔发生的需求（如对新年贺卡的需求），虽然经常发生但生命周期短且需求数量不确定的产品需求（如报童问题），都属于单周期需求。单周期需求的库存管理问题，实质上是一种一次性订货问题，其关键是如何确定一个合理的订货量，以保证既不会因为订货量大于需求量而造成积压损失，又不会因为订货量小于需求量而造成缺货损失。

多周期需求是指在一定时间内对某种物品的重复的、连续的、需要多次建立库存的需求，即每次库存消耗完毕后需要重新补充的库存。多周期库存问题一般比单周期库存问题更为普遍。多周期库存管理的关键是"什么时候订货"和"每次订多少货"。前者为订货点决策，后者为订货批量决策。所谓订货点，是指进行订货时的库存水平（Recorder Point，ROP），可以根据订货提前期（Lead Time，LT，从发出订单到货物到达的时间间隔）和需求速度"D"来计算。

（二）独立需求和相关需求

在库存管理中，因为库存决策的基础在于区分需求是来自以某物品为原料或配件的最终产品还是物品本身，所以必须分清独立需求和非独立需求。

独立需求是指对某种库存物品的需求与其他库存物品无关，具有独立性。从库存管理的角度去理解，独立需求是指那些不确定的、随机的、企业自身不能控制而是由市场决定的需求，其主要特征就是需求的数量和对象不确定。为了确定独立需求的数量，企业经常依赖营销部门、市场研究部门，通过诸如顾客调查、历史销售数据分析、经济和社会发展趋势预期，并结合适当的预测方法的使用等手段对未来的需求进行预测。由于预测误差的存在，库存中必须留有额外的数量作为缓冲。

相关需求是指对任意一种物品的需求常常是对其他物品（如最终产品）需求的直接结果，如新汽车对车轮的需求。如果每辆汽车有 4 个车轮，那么对车轮的需求就是 4 乘以汽车的需求数量。在库存管理中，车轮与汽车的需求是相关的；而对汽车的需求是独立的 —— 由市场决定的，与其他产品的需求无关。

第二节　企业运营的设备管理

一、设备管理认知

随着科学技术的迅猛发展，制造业生产主体正由人力逐渐向设备转移，一些企业设备投资已经占到企业全部投资的一半以上，设备已经成为企业赖以生存和发展的物质技术基础。搞好设备管理对于保证企业生产的正常进行、促进产品开发、改进产品质量、提高经济效益都有着重要的意义，同时还有利于推动全社会的技术进步和环境保护。因此，设备管理是企业生产运营管理的一个重要方面。

设备是对企业在生产中所需要的机械、装置、仪器和设施等物质资料的总称。其至少要满足下列条件之一：

①可以让企业使用一年以上或者长期使用，并基本保持原有的实物形态。

②单位价值在固定资产财务规定的限额以上。

③在企业生产过程中，能独立为完成一道生产工序提供某种功能的机器。

所谓设备管理，是对设备寿命周期全过程的管理，即依据企业生产经营目标选择设备、使用设备、维修设备及更新设备的全部管理工作。设备的运动过程，可以分为物质运动形态和资金运用形态。设备的物质运动形态是指设备从研究、设计、试制、制造（或从选购、验收）投入生产开始，经过使用、维修、更新，直至报废为止的全过程，对这个过程的管理称为设备的技术管理。设备的资金运用形态，包括设备的最初投资、运行费用支付、折旧、收益、残值回收，以及更新资金的筹措和运用等，对这个过程的管理称为设备的经济管理。

设备管理既包括设备的技术管理，又包括设备的经济管理。因此，设备管理的主要任务有：①根据企业的经营目标和生产需要制定设备规划；②选择和购置所需设备（或自行组织、设计和制造设备）；③安装、调试；④对投入运行的设备正确、合理地使用；⑤精心维护、保养并及时检修，保证设备的正常运行；⑥合理确定设备的经济寿命，科学地进行设备更新。

二、设备的选择与购置

设备综合管理把设备的选择与购置也纳入其中，而且成为一个关键环节，无论是新建企业选择的设备、老企业用来进行更新的设备，还是自行设计、制造的专用设备，都必须做到技术上先进、经济上合理。为此，设备选择时必须从技术、经济两个方面对设备进行评价。

（一）设备选择的技术评价

设备选择的技术评价就是从生产性、可靠性、维修性、环保性、节约性、配套性、适应性方面对备选设备进行定性分析，从中选择出一台（套）或若干台（套）技术上先进、生产上适用的设备以进行经济评价。

①生产性。生产性即设备的生产效率，一般指单位时间的产量或功率、速度等。自动化、大型化、电子化的高效率设备适用于大批量的连续生产，但设备投资额大、能耗高，对相关的配套设施和技术人员等要求苛刻，而且要有较高的综合管理水平。企业要结合当前和预期的企业、市场发展趋势，根据主客观条件进行合理选择。

②可靠性。可靠性即设备在规定的条件和要求下，无障碍运行的概率。其一般是指设备性能的保持性、运行的安全性及零部件的耐用性等。显然，要选择可靠性高的设备。

③维修性。设备的维修性好，是指设备的结构简单、零部件组合合理，进行维修时零部件容易拆卸、便于检查，实行标准化通用标准、互换性好等。维修

性好的设备，不仅能够缩短维修时间、提高设备的利用率，而且能够降低维修成本。

④环保性。环保性即设备使用过程中产生的噪声和排放的有毒、有害物质（"三废"）对环境的污染程度。选择设备时，要把噪声和"三废"控制在国家相关法律、法规允许的范围以内，并要求配有治理"三废"的附属设备和配套工程。这样，不仅可以因降低污染治理成本而获得直接的经济效益，而且能因良好的公众形象而获得间接的社会效益。

⑤节约性。节约性即设备的使用过程中对能源和原材料的消耗要低。设备的能源消耗就是设备在满负荷运行中，单位时间内的能源耗费量。设备的原材料消耗量就是在正常生产条件下，设备生产单位产品所耗费的原材料数量。从全世界的范围看，能源和原材料总量有限，价格不断上涨，所以要选择那些能源消耗低、原材料加工利用程度高的设备，以节约成本。

⑥配套性。配套性即设备的关联和配套水平，这是形成设备生产能力的前提条件。设备的配套可以分为单机配套、机组配套和项目配套。单机配套，是指一台设备中的各种随机工具、附件、备用件等要配备成套。机组配套，是指一套设备的主机、辅机、控制设备等要配备成套。项目配套，是指一个新建项目正常运行所需的各种设备要配备完整齐全，如加工设备、动力设备，以及其他所有相关辅助生产设备的相互配套。特别是在引进国外设备时，首先要清楚项目对设备配套性的要求，然后才能订货，既要避免"不成套"，又要防止"过度成套"。

⑦适应性。适应性即设备适应不同生产环境、原材料品质、产品规格等的能力，主要体现在：a.当生产对象固定时，设备能够适应不同的工作条件和生产环境以及不同品质的原材料；b.当生产对象可变时，设备能够具有多种性能，通用性强；c.设备的结构紧凑、重量轻、体积小、作业面积小、移动方便。从目前机器设备的发展趋势看，其正向大型化、自动化、高级化和小型化、轻型化、简易化两个相反的方向发展，企业要从生产实际出发，做出合理选择。

以上就是对设备进行技术评价时所要考虑的一些主要因素，当然还有诸如供应商的信誉、售后服务等。要根据企业的实际需求，综合考虑这些因素，统筹兼顾，从众多备选设备中选择出若干台（套）设备再进行经济评价。另外，对设备进行技术分析时，要尽可能地多请相关的专业技术人员参与，并增加设备的选择渠道。

（二）设备选择的经济评价方法

通过技术评价的设备具有技术上的先进性，但是否满足经济上的合理性，还需要进行以定量分析为主的经济评价。进行经济评价时，不仅要考虑设备的投资额，而且要考虑寿命期内的运行成本，即把设备寿命期内的全部相关费用作为评价依据。设备的投资额，包括设备的购置费、运输费、安装调试费等。设备在投入使用后，每年必须支付能耗费、维修保养费、税金、保险费等，这些就构成了所谓的设备运行成本。

常用的经济评价方法有以下几种。

1. 投资回收期法

购买设备需要支付一笔初始投资，这笔资金越早收回越好。设备投入使用后，同旧设备相比，会扩大产量、提高质量、降低能源原材料消耗、减少停工损失等，由此会形成一个增量收益额。如果是新建项目，那么设备使用带来的净收益，就是销售收益与运行成本之差。

设备选择实质上是企业的投资活动，设备投资是企业诸多投资项目中的一个，因此设备的投资回收期首先要满足企业对项目投资回收期的要求，即要小于等于标准投资回收期。一般情况下，如果满足标准投资回收期要求的各个设备的其他条件相同，那么投资回收期最短的设备就是最优设备。

需要指出的是，由于没有考虑资金的时间价值，投资回收期一般都不单独使用，或者只作为初选方法。

2. 净现值法和净年值法

资金具有时间价值，所以不同时点发生的收益或费用不能直接进行代数运算，而要借助于资金等值计算。所谓等值资金，就是特定利率下不同时点上数额不等而经济价值相等的若干资金；而将某一时点或某些时点上的资金等值到另一时点或某些时点，称为资金等值计算。银行的借贷利息计算是资金等值和资金等值计算的典型。

3．费用现值法和费用年值法

如果多台（套）设备的产出价值相等，或者都能够满足企业的需要，但其产出效益难以用货币计量（如温控设备、环保设备、实验设备等），那么就不能使用净现值法选优。这时，可以通过对多台（套）设备费用现值的比较来确定最优设备。

费用现值法，就是把每台（套）设备的初始投资额、寿命期内每年的运行费用都等值变换到现在，求取其代数和，即费用现值（Present Cost，PC）。费用现值最小的设备就是最优设备。

三、设备的使用、维护与修理

（一）设备的合理使用

显然，设备寿命的长短、生产效率的高低、性能的优劣、能源原材料耗费的多少等主要取决于设备的先天设计制造过程，但在一定程度上又取决于设备的后天使用。经验表明，如果能够正确、合理地使用，设备就能够有效地减少不必要的磨损，长时间保持应有的技术性能、延长使用寿命；另外，还可以降低修理的强度、密度，节约修理成本，减少停机时间。所以，设备的合理使用，也是设备管理的主要内容之一。

合理使用设备，要坚持如下原则：

第一，根据产品或生产对象的特点和工艺流程要求，合理配备各种类型的机器设备，并根据进度及时调整。

第二，根据各种设备自身的结构、性能、精度、加工范围等技术特点，科学合理地安排任务和设备的工作负荷。

第三，配备与设备相适应的操作人员和维修人员，科学制定并严格执行设备使用和维护方面的规章制度。

第四，根据设备要求，创造适宜的工作环境和工作条件。

第五，对员工进行合理使用和爱护设备的经常性教育与培训，并进行适当的物质奖励和精神奖励。

（二）设备的检查与监测

如果能及时了解设备的运行状况，准确判断设备运行处于正常、异常或故障状态，就可以及时发现隐患，采取针对性措施，消除潜在故障；同时，还能结合设备的运行状况，制定合理的维修计划，达到提高维修质量、缩短维修时间的目的。

对设备运行状况的获知有两种方式：其一为设备检查；其二为设备监测。前者是一种建立在主观经验基础上的、静态的了解方式，后者是一种建立在客观仪器、方法分析基础上的实时动态跟踪方式。

1. 设备检查

设备检查就是对设备的工作精度、零部件磨损老化程度进行测度和检验。下面分析设备检查的类别与形式。

①按照时间间隔，设备检查可以分为日常检查和定期检查。a.日常检查就是在交接班时由操作人员按照一定的顺序对规定的项目（部位）逐一进行检查，并同规定的标准进行对比，记录检查结果。日常检查能及时发现异常问题，简单问题可自行解决，疑难、复杂问题应马上报告。b.定期检查就是按照计划，在操作人员的参与下，由专业维修人员全面检查设备的性能和零部件的实际磨损、老化程度，以便全面掌握设备的技术状况，确定是否进行修理。

②按照检查的内容，设备检查可以分为性能检查和精度检查。a.性能检查就是对设备的各项性能进行检查与测定，以便确定设备性能的缺损情况。b.精度检查就是对设备的加工精度进行检查与测定，以便确定设备加工精度的劣化状况。

③按照检查的方法，设备检查可以分为直观检查和工具检查。a.直观检查就是由操作人员或专职维修人员凭借感觉（视觉、听觉、嗅觉、触觉）和简单工具进行人工检查。b.工具检查就是专职维修人员利用专用工具（或仪器仪表）进行检查。

在对设备的实际检查中，这些方法一般要综合使用。

2. 设备监测

设备监测是在设备检查的基础上发展而来的，是在设备运行过程中进行实时动态检查的一种新兴工程技术方法。这种方法近年来受到国内外普遍的关注与重视。其核心就是通过现代科学技术手段与方法获取、分析设备运行数据，以便准确、全面地把握设备的磨损、老化、劣化、腐蚀的部位、程度以及其他情况，在此基础上对设备运行状况进行预测与跟踪。

设备监测包括设备状态诊断技术、检测技术和监测方法等。诊断技术有凭借人体感官和经验的原始诊断、借助仪器仪表的简易诊断和精密诊断；检测技术主要有传感技术、信息处理技术、征兆识别技术、故障预测技术等；监测方法有铁谱分析法、声发射技术法、振动测量法、电气设备绝缘状况监测法、超声波无损探伤法、应力测定法、流量测定法等。

设备监测往往需要大量的资金和专门的技术人员，企业应根据实际情况理性选择。一般来说，只有在设备状态监测所需费用低于故障维修费用或安全因素应予特别考虑时，才有必要实施设备监测。

（三）设备的维护保养

设备的维护保养根据工作的深度、广度和工作量的大小，可以分为日常保养（或称例行保养）、一级保养、二级保养和三级保养。

①日常保养。日常保养是维护保养的基础，主要内容是班前班后对设备进行清洁、润滑、紧固已经松动的部位，检查零部件状况等。日常保养一般由操作工人负责。

②一级保养。一级保养主要包括消除螺钉松动、保持设备清洁，经常进行润滑，以及进行部分调整工作和消除细小故障。一级保养也由操作工人负责。

③二级保养。二级保养的主要内容是定期对设备重要部位进行解体检查、更换少数零部件和设备的内部清洁、润滑等。二级保养在专职维修人员的指导下，以操作人员为主进行。

④三级保养。三级保养主要是定期对设备的主体部分进行解体检查和调整，更换已经磨损的零部件，对设备进行全面清洁。另外，还要对主要零部件的磨损情况进行检测、鉴定和记录，以便为编制设备维修计划提供依据。三级保养以专职维修人员为主来进行，并由操作人员协助。

如何对设备进行维护，要针对设备的现状和累计运行时间的长短，对工艺流程的要求，以及行业内部、企业内部的维修惯例来制定。

（四）设备的修理

设备修理，就是修复在设备使用（或闲置）过程中由于使用或自然力的原因而造成的设备损坏或性能劣化的技术活动，包括修复和更换已经磨损、老化、腐蚀的零部件等。设备的修理和保养，是设备管理过程中的两个不能相互替代的方面，应相互配合、相互补充。

1. 设备修理的类型

根据修理范围的大小、间隔时间的长短、修理费用的高低，设备修理可以分为小修理、中修理和大修理。

①小修理是指设备使用过程中，为保证其工作能力而进行的调整、修复或更换个别零部件的修理工作。小修理的工作量小、次数多，一般由专职维修人员来完成。小修理可以结合设备的日常维护和检查进行。

②中修理是对设备进行的一种局部解体修理过程。其主要内容包括：更换或修复部分估计不能用到下次修理的磨损零部件，检查整个机械系统，紧固所有机件，校正设备基准等。经过这样修理、调整后的设备，能基本恢复到出厂时的性能水平和工艺要求。中修理的特点：次数较多、间隔和修理时间都较短、工作量不大、费用适中。

③大修理是对设备进行的全面修理。大修理通过对设备全部解体，修理耐久部分，更换全部损坏的零部件，修复所有不符合要求的零部件，全面清除设备缺陷，以使大修理后的设备在生产效率、精确度、速度等方面都达到或基本达到设备出厂时的标准。大修理的特点：次数少、间隔时间长、工作量大、修理时间较长、费用较高。

2. 设备修理的主要方法

根据设备的磨损规律和故障规律，可以总结出如下 3 种设备修理方法：

①标准修理法，也称强制修理法。这种方法是根据设备零部件的预期磨损状况，事先规定设备的修理日期、类别和内容；到了规定的时间，不论零部件的磨损情况严重与否，都要进行强制更换修理。标准修理法有利于做好设备修理前的准备工作，缩短停机修理时间，能有效预防突发故障，保证设备的正常运转。

但是，其效果如何，主要依赖于能否对零部件的磨损情况进行准确的判断与估计。这种方法一般适用于要求严格保证安全运行的设备和特别重要的设备，如流水线上的设备、提供动力的设备等。

②定期修理法。定期修理法是指根据零部件的磨损程度、设备运行情况的相关资料，确定修理的日期、内容和工作量，然后根据每次修理前对设备实际检查的结果再对修理工作进行有针对性的调整。定期修理法，既能做好修理前的准备工作，缩短因修理而造成的停机时间，又能提高修理质量，节约修理费用。这种修理方法在我国应用比较普遍。

③检查后修理法。这种方法首先要根据相关资料制定设备的检查计划，并如期对设备进行检查，然后根据每次的检查结果确定具体的修理期限、类别和内容。这种方法因为能够使零部件得到充分利用，所以修理费用较低，但是修理的计划性较差，不容易做好修理的准备工作，而且由于修理与否的决策完全建立在人们的主观判断之上，所以容易引起失误，从而延长设备修理时间，影响生产计划的顺利执行。

第三节　企业运营的质量管理

一、质量管理的具体内容

质量作为一个术语被广泛应用，但是在不同的历史时期对质量的定义却不尽相同。在相当长的一段时间内，人们普遍把质量理解为"符合性"，即产品符合规定要求，或者说符合设计要求的程度。

质量管理是"指导和控制某组织与质量有关的彼此协调的活动"，也就是"确定与建立质量方针、目标和职责，并在质量体系中通过质量策划、质量控制、质量保证和质量改进等使其实现的所有管理职能的全部活动"。由此可见，质量管理包括以下具体内容。

（一）制定质量方针和质量目标

质量方针是企业的最高管理者正式颁布的该企业总的质量宗旨和方向，如产品质量达到的水平、对企业质量管理活动的要求等。质量目标，是与质量有关的、所追求或作为目的的事物。质量目标一般是建立在质量方针基础上具体的、定量的要求，是可测的，如不合格产品下降水平、故障成本占总成本的比重等。

（二）建立质量体系

质量体系是为了实施质量管理所需的组织结构、程序、过程和资源。质量体系，既包括人力资源和物质资源的硬件内容，也包括组织体制、执行程序等软件内容，一般涉及领导职责与质量管理职能，质量结构的设置，各质量机构的质量职能、职责以及它们之间的纵向与横向关系，质量工作网络和质量信息传递与反馈，等等。建立质量体系时，还应形成必要的体系文件，如质量手册、管理性程序文件、技术性程序文件、质量计划、质量记录等。所以，建立质量体系的意义，不仅在于建立组织机构，更重要的在于明确组织机构的职责范围和工作方式；不仅在于使企业各方面的质量管理工作有效地开展，更重要的在于工作间的相互协调。

（三）开展质量策划、质量控制和质量保证活动

质量策划是指质量管理中致力于设定质量目标并规定必要作业过程和相关资源以实现其质量目标的那部分组织管理活动，是企业领导和管理部门的质量职责之一。企业要在市场竞争中处于优胜地位，就必须根据市场信息、用户反馈意见、国内外发展动向等因素，对老产品的改进和新产品的开发进行策划，就研究什么样的产品、产品应具有什么样的功能、功能达到什么样的水平提出明确的目标和要求，并进一步策划出如何从技术、组织等方面达到这样的目标和要求。例如，为了满足产品的质量要求，企业根据现有设计、制造能力，提出生产技术组织实施计划，包括引进设备和技术、工艺攻关、设备改造、人员培训，并为此开展一系列的筹划和组织活动，提出明确的目标和要求，以及实施的进度安排等。以上这些筹划活动都属于质量策划。

质量控制是指质量管理中致力于达到质量要求所采取的作业技术和行动。

质量控制的作用就是根据质量标准，监视质量形成的各个环节，使其在受控状态下运行，从而及时排除和解决所产生的问题，保证满足质量要求。其具体包括确定控制计划与标准、实施控制计划与标准，并在实施过程中进行连续监视和验证、纠正不符合计划与程序的现象、排除质量形成过程中的不良因素与偏离范围现象，恢复其正常状态。

质量保证是指为了使人们确信某实体能满足质量要求，在质量体系内开展并按需要进行证实的有计划和有系统的全部活动。质量保证要求，是企业就是否具有满足质量要求的能力提供充分必要的依据，并接受第三方权威机构客观的、公正的评价。质量保证分为内部质量保证和外部质量保证。前者是企业向顾客所做的一种质量担保，就是使顾客确信产品或服务的质量满足其规定的要求，这是企业取得顾客信任的一种手段。后者是企业为了确保其产品或服务的质量满足规定要求所进行的活动，这是一种管理手段。

（四）进行质量改进

质量改进是指为了向企业自身及其顾客提供更多的收益，在企业内所采取的旨在提高活动和过程效益、效率的各种措施。质量改进是（全面）质量管理的精髓。任何一个企业都应不断地进行质量改进，提高质量管理水平，实现、保持、提高产品质量，使企业和顾客同时受益。

由此可见，质量管理是企业组织管理活动的一个重要方面，应该由企业的最高管理者来推动，各级管理者也应负有相应的职责，而且需要全体职工共同参与，只有这样才能搞好质量管理。

二、全面质量管理

（一）全面质量管理的定义

全面质量管理的概念提出至今经历了近半个世纪的时间，但是还没有一个公认的定义。下面罗列出几个较有代表性的定义。

费根鲍姆对全面质量管理的定义为："为了能够在最经济的水平上考虑到充分满足顾客要求的条件下，进行市场研究、制造、销售和服务，把企业内部各部门的研制质量、维持质量和提高质量的活动构成为一种有效的体系。"

中国质量管理协会在《质量管理名词术语》（1982 年）中，对全面质量管理内涵的表述为："全面质量管理是企业全体职工及有关部门同心协力，综合运用管理技术、专业技术和科学方法，经济地开发、研制、生产和销售用户满意产品的管理活动。"

国际标准中将全面质量管理（Total Quality Management，TQM），并将 TQM 定义为："以质量为中心建立在全员参与上的一种管理方法，其目的在于长期获得顾客满意和组织成员与社会利益。"其中的全员参与是指所有部门和各层次人员。TQM 以包括质量在内的所有管理目标为对象，强调最高层强有力的领导和对全员教育及培训的必要性。TQM 涉及管理学中的运筹学、系统工程学、价值工程学、生产管理、项目管理、成本管理和组织行为学等，以及概率论与数理统计、试验设计、控制、优化、测量、数据处理、计算机、信息和人工智能等多种技术和学科。

（二）全面质量管理的特点

同传统的质量管理相比，全面质量管理具有以下特点：

①全面的质量管理。全面质量管理的对象，不单单指产品质量，还包括过程质量、服务质量和工作质量等。例如，任何产品都是由企业员工设计制造的，如果产品设计制造过程的质量及工人的工作质量不高，就难以保证产品的高质量。全面质量管理强调过程质量和工作质量的重要性，要求以过程质量、工作质量来保证产品质量。所以，全面质量管理从产品的质量保证入手，通过有效地改善对产品质量有影响的诸多因素，如设计、制造、交货、使用、服务等，达到改善产品质量的目的，因此，它是"全面"的质量管理。

②全过程的质量管理。所谓"全过程"，是指与产品质量产生、形成和实现有关的全过程，具体包括：市场调研、开发设计、物资供应、生产制造、检验、包装、储存、运输、销售和售后服务等的各个环节。通过对产品质量形成全过程各个环节的管理，力争形成一个综合性的质量保证体系，全面落实以预防为主的质量管理方针。

③全员参与的质量管理。产品质量是全体员工工作质量的具体反映，提高产品质量需要企业全体人员的共同努力。所以，必须在全体员工中牢固树立质量意识，充分发挥每个员工在工作中的积极性和创造性，鼓励他们积极参与质量管理。其具体做法，包括广泛开展质量小组（QC小组）活动、全员把关、质量教育等。

④管理方法全面的质量管理。随着现代化大生产和科学技术的发展，以及企业生产规模的扩大和生产效率的提高，影响产品质量的因素也越来越复杂：既有物质因素，又有人的因素；既有生产技术因素，又有管理技术因素；既有企业内部因素，又有企业外部因素。要把如此多的影响因素系统地、全面地控制起来，不仅要运用质量检验、数理统计方法，还要运用包括组织管理、专业技术及其他科学技术等多种方法。

（三）全面质量管理的基本方法 ——PDCA 循环

PDCA 循环是全面质量管理的最基本方法，也是全面质量管理活动所应遵循的科学工作程序。它是由戴明于20世纪60年代最先总结提出的，故称"戴明环"，PDCA 就是 Plan–Do–Check–Act Cycle 的缩写。

1. PDCA 循环

PDCA 循环实际就是质量管理工作的 4 个阶段，即计划（Plan）阶段、执行（Do）阶段、检查（Check）阶段和处理（Act）阶段。在质量管理过程中，这 4 个阶段周而复始，不断循环。

①计划阶段就是要确定质量目标、制定质量计划、拟定相应的实施措施。具体可以分为 4 个步骤：

a.分析现状，找出存在的质量问题。

b.分析造成现有质量问题的各种原因或影响因素。

c.在各种原因或影响因素中找出主要原因或影响因素。

d.针对影响质量问题的主要原因或影响因素研究解决问题的对策，并制定实施计划。制定实施计划时，应该明确"5W1H"问题，即为什么制定该计划（Why）? 计划达到什么目的（What）? 在何处执行（Where）? 由谁负责执行（Who）?

什么时间完成（When）？怎样完成（How）？

②执行阶段包括 1 个步骤，即按照预定的质量计划执行和实施。

③检查阶段包括 1 个步骤，即根据计划和标准检查执行效果，找出存在的问题。

④处理阶段就是针对执行结果进行总结和分析，可以分为 2 个步骤：

a. 总结成功经验和失败教训。对成功经验标准化、制度化，以利于今后遵循；对失败的教训有针对性地提出防范措施。

b. 未解决的问题或新出现的问题交给下一个循环去解决。

2．PDCA 循环的特点

①大环套小环，互相衔接、互相促进。如果把企业的整个质量管理工作作为一个大的 PDCA 循环，那么各个部门、各个小组还有各自的 PDCA 循环。企业就像一个星系，大环带动小环，小环促进大环；上一级带动下一级，下一级促进上一级。这样，质量管理工作就有机地构成一个互相衔接、互相促进的质量管理体系。

②螺旋式上升。经过一次 PDCA 循环，一些质量问题得到解决，质量水平得到提高，遗留下的问题或新出现的问题又迫使开展新一轮的 PDCA 循环；而新一轮的 PDCA 循环是在一个较高的质量水平上进行的，问题一旦解决就会又上升到一个更高的水平。如此循环，就使得产品质量不断地改进、不断地提高。所以，PDCA 循环是一个螺旋式上升的动态循环。

三、质量管理的经典方法与工具

质量管理的经典方法与工具，包括调查表、分层法、直方图、散布图、排列图、因果图和控制图，也就是常说的"QC 七种工具"。

①调查表。调查表，又称统计分析表或检查表，是对有关产品质量的数据进行快速收集整理和初步分析的常用工具。通过调查表中数据的简单汇总、求平均值或大致描述数据图形等方式，能迅速发现作业中的质量问题，进而分析原因，以便及时采取措施进行解决。调查表一般是预先设计好的、具有特定格式的表格或图形，或者二者兼而有之。调查表的具体形式多种多样，主要有缺陷调查

表、缺陷位置调查表和过程分布调查表等。

②分层法。分层法，又称分类法，即把收集到的有关产品质量的数据按照一定的标准进行合理的分类。分类标准可以是生产日期、操作人员、使用的设备、操作方法、原材料、检测标准等。这样就能把性质相同、在同一生产条件下收集的数据归在一起，以便使数据反映出的质量问题明显地暴露出来，有利于把错综复杂的影响因素分析清楚。分层法一般与调查表结合使用，然后再分别利用其他方法进行深入研究。

③直方图。直方图是由若干矩形组成的图形，故称直方图。将收集到的数据根据其波动性和统计规律性等分为若干组，矩形的宽等于组距，而高是各组的频数。直方图是一种能够反映数据总体变化规律的统计工具，在质量管理中有着以下重要作用：a. 观察与判断产品质量特性值的分布状况；b. 分析与判断工序运转的平稳性；c. 计算工序能力，并了解工序能力对产品质量的保证情况。

④散布图。散布图又称相关图，是一种通过平面直角坐标系内的图形来分析判断产品质量与某种可能影响产品质量的因素之间关系的一种有效方法。在生产过程中，有些因素之间存在着相关关系，但又难以用精确的解析式表达出来。

⑤排列图。排列图，又称帕累托图。其前身是意大利著名经济学家帕累托（Pareto）根据"关键的少数和次要的多数"规律总结出的用于分析社会财富分布状况的排列图，后来被美国质量管理专家朱兰用于质量管理，成为分析确定影响产品质量主要因素的一种直观的有效工具。

⑥因果图。因果图，又称鱼刺图，是日本质量管理专家石川馨提出的，是一种分析各种质量问题产生原因的有效方法。原材料、设备、操作人员、工艺方法及环境一般是影响质量的主要因素，而它们往往又是共同作用的，出现质量问题时往往很难搞清主次原因等，这时就要求对影响质量的因素进行系统分析。运用各种手段将影响质量的各种因素全部收集起来，然后发动员工，集思广益，比较原因的大小和主次，即根据最终的质量问题，找出影响它的大原因、中原因、小原因及更小原因等，最后根据它们之间的隶属关系，用箭线把各种关系标绘在一张图上。箭干标原因，箭头指向结果。主干箭线表示最终的质量问题，主干上的大箭线表示大原因，中箭线表示中原因……依次展开。

⑦控制图。控制图，又称管理图，是由美国质量管理专家休哈特最早提出的，是一种根据数理统计的基本方法分析产品质量特性值，判断生产工序是否处于受控状态的有效方法。控制图的优点是具有动态性、事前性，能够预防不合格产品的出现。

第三章　企业运营的计划管理

第一节　综合计划概述及策略

一、综合计划概述

综合计划是指企业为满足顾客的需求，力求以最低的成本，通过调整劳动生产率、劳动力数量、库存水平，以及加班和外包等来提高设备利用率，降低成本，产生竞争优势。

综合计划又称总进度计划，是指确定企业中期（通常提前 3 ~ 18 个月）生产数量和生产时间的一种方法。对制造型企业而言，综合计划将企业的总体战略目标和生产计划联系起来；而对服务型企业来说，综合计划则将公司的战略目标和用人计划联系起来。

（一）企业计划的层次和职能计划之间的关系

1. 企业计划的层次

企业里有各种各样的计划，这些计划是分层次的，一般可以划分为战略层计划、战术层计划与作业层计划。

战略层计划涉及企业的发展战略、产品设计、生产能力、企业投资、新生产设备的建造等，以及企业资源的获取，如研发计划、新产品计划、投资计划、选址计划、扩张计划等。战略层计划由企业的高层管理人员负责，是长期计划，时间至少一年以上。

战术层计划是指确定在现有资源条件下所从事的生产经营活动应该达到的目标，如综合生产计划、销售计划、产品出产计划、人员招聘计划等。战术层计划是中期计划，时间为 3 ~ 18 个月，主要目标是使产能和波动的市场需求相匹配。这些计划必须与长期计划保持一致，并受战略决策的约束。综合计划的制定是中期计划编制完成的标志。

作业层计划是指确定日常生产经营活动的安排，如生产作业计划、采购计划、工作分配等。作业层计划属于短期计划，涉及任务分配、订货、排程、调度、加班和临时招聘等内容。

3 个层次的计划各有不同的特点，从战略层计划到作业层计划，计划期越来越短，计划的时间单位越来越小，覆盖的空间范围越来越小，计划内容越来越详细，计划中的确定性越来越高。

由以上分析可见，综合计划意味着在一段时期内（或者整个时期内）合理配置资源。在已知需求预测、设备能力、库存水平、员工数量，以及其他相关输入条件下，计划者必须考虑企业未来 3 ~ 18 个月的产品出产数量。这些计划既适用于制造型企业，又适用于医院、高校或者出版机构等服务型组织。

2. 综合计划与其他计划的关系

战略层计划主要是企业的长远发展规划，它是一种十分重要的计划，关系到企业的兴衰。"人无远虑，必有近忧"，古人已懂得长远考虑与日常工作的关系。作为企业的高层领导，必须站得高，才能看得远。只看到眼前的领导者，称不上真正的领导者。战略层计划指导全局，其下面最主要的是综合生产计划，再往下是各种职能计划。综合生产计划是指实现企业经营目标最重要的计划，它既是编制生产作业计划、指挥企业生产活动的龙头，又是编制物资供应计划、劳动工资计划和技术组织措施计划的重要依据。各种职能计划是编制成本计划和财务计划的依据。成本计划和财务计划又是编制经营计划的重要依据。

（二）生产计划的层次与生产计划指标体系

1. 生产计划的层次

生产计划是指一种战术性计划，包括综合生产计划、产品出产计划和生产作业计划。综合生产计划以假定产品为计划对象，产品出产计划以具体产品和工矿配件为计划对象。具体产品和配件都是企业向市场提供的具体物品。生产作业计划是产品出产计划成本的执行计划，是指挥企业内部生产活动的计划。对于大型加工装配式企业而言，生产作业计划一般分成厂级和车间级两级。厂级生产作业计划的对象为原材料、毛坯和零件，从产品结构的角度来看，也可称为零件级生产作业计划。车间级生产作业计划的计划对象为工序，故也可称为工序级生产作业计划。

2. 生产计划指标体系

生产计划的主要指标有品种指标、产量指标、质量指标、产值指标和出产期指标。

（1）品种指标

品种指标是指企业在计划期内出产的产品品名、型号、规格和种类数，它涉及"生产什么"的决策，确定品种指标是编制生产计划的首要问题，它关系到企业的生存和发展。

（2）产量指标

产量指标是指企业在计划期内出产的合格产品的数量，它涉及"生产多少"的决策，关系到企业能获得多少利润。产量可以用台、件、吨表示。对于品种、规格很多的系列产品，也可用主要技术参数计量，如拖拉机用马力计量、电动机用千瓦计量等。

（3）质量指标

质量指标是指企业在计划期内产品质量应达到的水平，常采用统计指标来衡量，如一等品率、合格品率、废品率、返修率等。

（4）产值指标

产值指标是指用货币表示的产量指标，能够综合反映企业生产经营的活动成果，以便与不同行业进行比较。根据具体内容与作用不同，产值指标分为商品产值、总产值、净产值 3 种。

商品产值是指企业在计划期内出产的可供销售的产品价值，其内容包括用本企业自备的原材料生产的成品和半成品的价值；用外单位来料加工的产品的加工价值；工业劳务的价值。只有完成商品产值指标，才能保证流动资金的正常周转。

总产值是指企业在计划期内完成的以货币计算的生产活动总成果的数量。总产值包括商品产值、期末期初在制品库存的差额、订货者来料加工的材料价值。总产值一般按照不变价格计算。

净产值是指企业在计划期内通过生产活动新创造的价值。由于扣除了部门间的重复计算，它能反映计划期内为社会提供的国民收入。净产值指标有生产法和分配法两种算法。按照生产法，净产值＝总产值－所有转入产品的物化劳动价值。按照分配法，净产值＝工资总额＋福利基金＋税金＋利润＋属于国民收入初次分配的其他支出。

（5）出产期指标

出产期是指为了保证按期交货确定的产品出产期限。正确设定出产期很重要，因为出产期太短，保证不了按期交货，会给用户带来损失，也给企业的信誉带来损失；出产期太长，不利于争取顾客，还会造成生产能力的浪费。

对于订货型（MTO）企业，确定交货期和产品价格是主要的决策；对于备货型（MTS）企业，确定品种和产量是主要的决策。

（三）滚动式计划的编制方法

滚动式计划方法是指一种编制计划的新方法。其编制方法是在已编制出的计划的基础上，每经过一段固定的时期（如一年或一个季度等，这段固定的时期被称为滚动期）便根据变化了的环境条件和计划的实际执行情况，从确保实现计划目标出发对原计划进行调整。每次调整时，保持原计划期限不变，而将计划期限顺序向前推进一个滚动期。由于长期计划的计划期较长，很难准确地预测到各种影响因素的变化，因而很难确保长期计划的成功实施。而采用滚动式计划方法，就可以根据环境条件变化和实际完成情况，定期对计划进行修订，使组织始终有一个较为切合实际的长期计划做指导，并使长期计划能够始终与短期计划紧密地衔接在一起。

按照滚动式计划的编制方法，整个计划期被划分为几个时间段，其中第一个时间段的计划为执行计划，后几个时间段的计划为预测计划。执行计划的具体要求按计划实施，预测计划比较粗略。每经过一个时间段，根据执行计划的实施情况，以及企业内、外条件的变化，对原来的预计计划做出协调与修改，原预测计划中的第一个时间段的计划变成执行计划。

（四）生产能力

生产能力是指企业的设施在一定时期内，在先进合理的技术组织条件下所能生产一定种类产品的最大数量。对于流程式生产，生产能力是一个准确而清晰的概念。例如，某化肥厂年产 30 万吨合成氨，这是由设备的能力和实际运行时间决定的。对于加工装配式生产，生产能力则是一个模糊的概念。不同的产品组合，表现出的生产能力是不一样的。大量生产、品种单一的产品组合可以用具体产品数量表示生产能力；大批生产、品种数少的产品组合可以用产品数表示生产能力；多品种、中小批量生产的产品组合只能以假定产品的产量来表示生产能力。在纯服务运作中，能力直接与劳动力数量相关。

生产能力有设计能力、查定能力和现实能力之分。设计能力是指在设计任务书和有关技术设计文件中所规定的生产能力，是一种潜在能力，一般需要经过一定时间才能达到，也是建厂或扩建后应该达到的最大年产量。查定能力是指老企业重新调查核定的生产能力。当企业有了新的发展，如产品方案、生产工艺和技术组织条件等发生了重大变化时，原定的设计能力已不符合企业的实际情况，此时需要重新调查核定企业的生产能力。现实能力为计划年度实际可达到的生产能力，是编制年度生产计划的依据。在国外，有人将生产能力分为固定能力和可调整能力两种：前者是指固定资产所表示的能力，是生产能力的上限；后者是指以劳动力数量和每天工作时间和班次所表示的能力。这种划分不仅适合制造业，而且适合服务业。

二、综合计划策略

编制综合计划需要解决的一个基本问题是如何处理能力与需求的关系。市场需求的起伏和波动是绝对的，而企业能力又是相对稳定的，要解决这个矛盾，既要研究处理非均匀需求的策略，又要研究影响需求的策略。

（一）处理非均匀需求的策略

处理非均匀需求有改变库存水平、改变生产速率和改变工人数量三种纯策略，其内容涉及库存管理、生产速率、人员安排、能力计划和其他可控因素。

1. 改变库存水平

改变库存水平是指通过库存来调节生产而维持生产率和工人数量不变。当需求不足时，由于生产率不变，库存就会上升；当需求过大时，将消耗库存来满足需求，库存就会减少。这种策略可以不必按照最高生产负荷配备生产能力，能够节约固定资产投资，是处理非均匀需求常用的策略。成品库存就像水库，可以蓄水和供水，既防旱又防涝，因此能保证水位正常。但是，通过改变库存水平来适应市场的波动，会产生维持库存的费用；同时，库存也会破坏生产的准时性。因而对纯劳务性生产不能采用这种策略。纯劳务性生产只能通过价格折扣等方式来转移需求，使负荷高峰比较平缓。这种策略会带来储存费用、保险费、搬运费、陈旧损失、投资损失及资金投入等成本的上升，当需求超出预期时，还可能会造成缺货，使交货期延长、服务水平下降。

2. 改变生产速率

改变生产速率是指要使生产速率与需求速率相匹配。需要多少就生产多少，这是准时制生产所采用的策略。改变生产速率可以消除库存，忙时加班加点，闲时把工人调到其他生产单位或做清理工作。但过多的加班会影响产品的质量和生产效率，尤其在需求低迷的闲时，工人的安排难度很大；当任务超出太多时，可以采取转包或变制造为购买的办法。外包或购买能有效地借助外力，扩大生产能力，但成本可能较高，质量难以保证，也有企业信息和商业秘密泄露的可能。这种策略引起的问题是生产不均衡，同时需多付加班费和管理费用。

3. 改变工人数量

改变工人数量就是指需求量大时多招聘工人，需求量小时裁减工人。这种做法多用在服务业中，尤其是餐饮企业、零售企业、超市等。对技术要求高的工作一般不能采用这种策略，因为技术工人不是随时可以雇到的。另外，工人队伍不稳定会引起产品质量下降和一系列的管理问题，而且新员工培训、频繁的招新及裁员会引起员工队伍的不稳定，导致生产效率降低。

以上3种单策略可以任意组合成多种混合策略。例如，可以将改变工人数量与改变库存水平结合起来。混合策略一般要比单策略效果好。

（二）影响需求的策略

1. 直接影响需求的策略

当需求低迷时，可以通过广告、促销和降价等措施来刺激需求。例如，航空公司和宾馆都在淡季提供价格折扣，通信公司降低夜间的通话费率，冬季时空调价格较便宜，这些都是刺激需求的表现。然而，即使采取了降价措施，可能仍然不能使生产能力和需求水平一直保持一致。

2. 暂缓交货策略

暂缓交货策略是指企业已经承接的产品或服务订单由于种种原因需要延迟交货。如果客户愿意等待，而且企业的信誉和订单量不会受到任何的损失，那么暂缓交货不失为一种可行的策略。但很多公司采用暂缓交货策略的结果常常是造成销售机会的丧失。

3. 反季产品和服务的销售组合策略

在制造业中，一种广泛使用的方法是反季产品的销售组合。例如，既销售取暖器又销售空调的公司，或者既销售割草机又销售铲雪机的公司。然而采用这种策略的公司，可能会发现它们销售的产品或服务超出了自己的专业领域，或者不在自己的目标市场之内。

第二节 生产能力及服务业能力规划

一、生产能力规划

（一）生产能力的界定

生产能力也称产能，是指一个设施的最大产出率。这里的设施可以是一道工序、一台设备，也可以是整个企业组织。从广义上说，生产能力是指人员能力、设备能力和管理能力的总和。人员能力是指人员的数量、实际工作时间、出勤率、技术水平等诸因素的组合；设备能力是指设备和生产运作面积的数量、水平、开动率和完好率等诸因素的组合；管理能力包括管理人员经验的熟练程度与应用管理理论、方法的水平和工作态度。从狭义上说，生产能力主要是指人员能力和设备能力，在资本集约度较高的制造型企业中，尤其是指设备能力。在实际的企业管理中，管理能力一般只能进行定性分析，而人员能力和设备能力是可以进行定量测算的，所以生产能力主要是指狭义的生产能力。即一个企业在一定的运营组织条件下，企业内部各个运营环节综合平衡以后能够产出一定种类产品的最大数量，它是反映企业产出可能性的一项指标。

没有一种度量方法适用于所有类型的组织。不同的组织，根据其具体的情况，需要考虑使用不同的度量方法。一般来说，生产能力的度量方法可以划分为以下 3 种。

1. 最大生产能力

所谓最大生产能力，是指一个设施的最大产出率。其含义有两种：一种是技术上"最大"的含义，它是指除设备所需的正常维修和保养时间以外的设备连续运转时的产出能力；另一种是经济上"最大"的含义，它是指一个组织在使用合理的人员和合理的时间安排条件下，设备的最大产出能力。

2. 有效生产能力

有效生产能力，是指在最大生产能力的基础上，考虑到具体的产品组合、一定的生产进度计划方法、设备维修和一定的质量要求等因素，进行相应的扣除而得到的生产能力。

3．设计生产能力

设计生产能力，是指企业建造之初，设计规划所要求能达到的生产能力，主要是为以后的生产发展规划等提供参考。各种生产能力间的相互关系如下：

有效生产能力＝利用率 × 最大生产能力

实际生产能力＝效率 × 有效生产能力

$$生产效率＝\frac{实际产出}{有效生产能力}$$

$$生产利用率＝\frac{实际产出}{设计生产能力}$$

（二）生产能力的影响因素

生产能力的影响因素有产品因素、人员因素、设施因素、工艺因素、运作因素和其他因素。

1．产品因素

产品因素是指产品设计对生产能力有巨大的影响。产品的差别化越小，生产系统的生产能力就越大。这是因为，产出越相近，其生产方式就越有可能实现标准化，从而能达到更大的生产能力。

2．人员因素

在一项工作包含的任务中，工作人员及其履行一项任务需要的培训、技能和经验对潜在和实际产出有重要的影响。另外，相关人员的动机、出勤等与生产能力也有着直接的联系。

3．设施因素

生产设施的设计（包括厂房大小及为扩大规模留有的空间）、厂址因素（包括运输成本、与市场的距离、劳动供应、能源和扩张空间）对生产能力有重要的影响。工作区的布局决定着生产作业是否能够平稳执行。

4. 工艺因素

产品工艺设计是决定生产能力的一个明显因素，工艺设计是否合理会影响产品质量。如果产品质量不能达标，就会增加产品检验和返工工作，从而导致产量下降。

5. 运作因素

一个组织由于存在不同设备生产能力的矛盾或工作要求的矛盾而产生的排程问题、存货储备的决策、发货的推迟、所采购的原材料部件的合意性，以及质量检验与进程控制，都对有效生产能力产生影响。

6. 其他因素

产品标准，特别是产品最低质量标准，能够限制管理人员增加和使用生产能力的选择余地，例如，企业为了符合产品和设备的污染标准，经常会减少有效生产能力。

（三）生产能力规划分类与步骤

生产能力规划是指提供一种方法来确定由资本密集型资源综合形成的总体生产能力的大小，如设备、工具、设施和总体劳动力规模等，从而为实现企业的长期竞争战略提供有力的支持。生产能力规划所确定的生产能力对企业的市场反应速度、成本结构、库存策略，以及企业自身管理和员工制度都将产生重大影响。生产能力规划具有时效性、层次性和不确定性，是建立在预测基础之上的战略计划。

1. 生产能力规划分类

一般来说，生产能力规划可以分为以下三类。

（1）长期生产能力规划

长期生产能力规划是指一年以上的规划，要求高层管理者的参与和审批。长期生产能力规划中涉及的生产性资源需要一段较长时间才能获得，也将在一段较长的时间内消耗完毕，如建筑物、设备、物料设施等。长期生产能力规划是基于对企业的长远利益的考虑而制定的，具有战略性质，对企业的远期利益至关重要。长期生产能力规划具有很大的风险，需要谨慎处置，周密考虑。

（2）中期生产能力规划

中期生产能力规划是指接下来的 6 ~ 18 个月的月产能规划或季产能规划。在此规划中，生产能力可能会因为人员变动、新工具的使用、少数设备的购买和工作的外包等产生变化。

（3）短期生产能力规划

短期生产能力规划与企业每天或每周的进程密切相关，这种类型的生产能力计划关系到每天或每周的生产调度情况。它涉及如何做出调整以消除计划与实际产出之间的差距。管理者通常会采取加班、劳动力转移等方式来解决上述问题。

2. 生产能力规划的步骤

不同企业进行生产能力规划的程序各有不同。一般来说，企业进行生产能力规划时，都必须遵循以下 4 个步骤。

（1）估计未来的能力需求

在进行生产能力规划时，首先要进行需求预测。由于能力需求的长期计划不仅与未来的市场需求有关，还与技术变化、竞争关系，以及生产率等多种因素有关，因此必须综合考虑。其次应该注意的是，所预测的时间段越长，预测的误差可能就越大。对市场需求所做的预测必须转变为一种能与能力直接进行比较的度量。在制造型企业中，企业能力经常是以可利用的设备数来表示的，在这种情况下，管理人员必须把市场需求（通常是产品产量）转变为所需的设备数。

（2）计算需求与现有能力之间的差

当计算需求与现有能力之间的差为正数时，很显然就需要扩大产能，这里要注意的是，当一个运营系统包括多个环节或多个工序时，能力的计划和选择就需要格外谨慎。在制造型企业中，产能扩大必须考虑各工序能力的平衡。当企业的生产环节很多、设备多种多样时，各个环节所拥有的生产能力往往不一致，既有富余环节，又有瓶颈环节。而富余环节和瓶颈环节又随着产品品种和制造工艺的改变而变化。从这个意义上来说，企业的整体生产能力是由瓶颈环节的能力所决定的，这是制定能力计划时必须注意的一个关键问题。否则，就会形成一种恶性循环，即某瓶颈环节的生产能力紧张，就增加该环节的生产能力，而未增加能力的其他环节又变为瓶颈环节。

（3）制定候选方案

处理能力与需求之差的方法可有多种，最简单的一种方法是不考虑生产能力扩大，任由这部分顾客或订单失去。其他方法包括扩大规模和时间的多种方案，包括积极策略、消极策略、中间策略的选择，也包括新设施地点的选择，还包括是否考虑采取加班、外包等临时措施。这些都是制定能力计划方案所要考虑的内容。人们所考虑的重点不同，就会形成不同的候选方案。一般来说，至少应给出 3 ~ 5 个候选方案。

（4）评价每个方案

评价包括定量评价和定性评价两个方面。定量评价主要是指从财务的角度，以所要进行的投资为基准，比较各种方案给企业带来的收益及投资回收情况。定量评价可以使用净现值法、盈亏平衡分析法、投资回收率法等不同方法。定性评价主要是指考虑不能用财务分析来判断的其他因素，如是否与企业的整体战略相符、与竞争策略的关系、技术变化因素、人员成本等，这些因素的考虑，有些实际上仍可进行定量计算（如人员成本），有些则需要通过直观感受和经验来判断。在进行定性评价时，可对未来进行一系列的假设。例如，给出一组最坏的假设，如需求比预测值要小、竞争更激烈、建设费用更高等；也可以给出一组完全相反的假设，即最好的假设，用多组这样的不同假设来考虑投资方案的可行性。

3. 决策树的概念

决策树一般都是自上而下生成的。每个决策或事件（即自然状态）都可能引出两个或多个事件，导致不同的结果，用这种决策分支画成的图形很像一棵树的枝干，故称决策树。其中，方格表示决策点，圆圈表示概率事件，决策点的分支线表示决策者可能的选择，概率事件的分支线表示事件发生的概率。

在具体求解中，从右至左，将每一步骤的期望值计算出来，留下收益最大的分支线，并将这个程序一直进行到第一个决策点。

（四）生产能力柔性

生产能力柔性是指迅速增加或者减少生产水平的能力，或是指将生产迅速地从一种产品或服务转移到另一种产品或服务的能力。这种柔性通过使用其他组织能力而获得的工厂柔性、制作流程柔性、员工柔性，以及战略柔性来实现。越来越多的企业在设计供应链时会考虑柔性问题。与供应商进行合作时，它们可以将供应商的能力纳入整个系统。

1. 柔性工厂

柔性工厂最理想的状态是实现零转换时间的运作。可移动设备、易拆卸墙壁、易获取且易重新安装的设备都能帮助工厂实现产能的快速转换。

2. 柔性流程

柔性流程可通过两方面来实现：一方面是柔性制造系统；另一方面是简单、易拆装的机器设备。这两项技术方法都可以让企业快速进行低成本的产品转换，使规模经济成为可能。

3. 柔性工人

柔性工人应掌握多种技能，具有能够轻易地从一个工种转移到另一个工种的能力。与专业工作者相比，他们需要接受更广泛的培训，此外，还需要得到管理人员和工作人员的配合与支持，便于他们在工作任务中进行快速转换。

二、服务业能力规划

（一）服务业能力规划的影响因素

虽然服务业能力规划与制造业能力规划会面临许多相同的问题，并且它们确定设施规模的方法也大致相同，但是二者存在一些重要的区别。服务业能力规划更多地依赖于时间和选址，受需求波动影响较大，产能利用会直接影响服务质量。

1. 时间

与产品不同，服务不能"生产"出来储存。因此，服务业的管理者必须将时间作为供应中的要素进行考虑。例如，航班客满，顾客无法得到已起飞班机的空位。

2. 选址

企业提供服务时是与顾客面对面的，所以服务能力必须接近消费者。在制造业中，企业可以在一个地方将产品生产出来后通过分销商送到客户手中。然而，服务业的情况正好相反，服务产能必须第一时间将服务提供给顾客（不管是面对面的接触还是通过某种通信媒介，如电话），这样的服务才算是有效的。一个城市里空出的一间酒店房间或一辆出租车，对其他城市的客户是没有用的。服务必须靠近客户，在客户需要时随时能提供。

3. 需求的不稳定性

服务系统的需求易变性远远高于制造业生产系统的需求易变性，这主要是由三个原因造成的。首先，正如上面提到的，服务不能储存，这意味着服务系统不能像制造系统那样用库存来平滑需求变化。其次，服务系统必须直接与顾客进行交易，而这些客户的需求往往不尽相同，并且在处理过程中会产生不同水平的服务，交易的数量也会变化。这导致处理每个顾客需求的时间易变性更大，从而导致最低产能需求的可变性增大。最后，服务需求变化受顾客行为的影响。

（二）服务生产能力规划的调整

根据服务的上述特点，服务生产能力的规划也要进行相应的调整，其主要有以下 3 个方面的内容。

首先，对于顾客的多样化需求，有两种方法可以解决。一种方法是在服务企业建立时就考虑到顾客可能的需求，并且根据这些需求配置相应的设施、员工来满足多样化的需求。这样的工作对于刚刚起步的服务型企业而言比较困难，无论是从财力上或经验上都无法满足。另一种方法是让顾客成为服务的直接参与者，顾客自己为自己提供服务，例如，饭店可以提供多种饭菜，顾客随意选择满足自己要求的饭菜，这种形式就是所谓的自助餐。

其次，服务设施往往设置在服务需求量大的地点附近，而且可以采用弹性工作时间的方法来鼓励员工在高峰时间上班。例如，快餐店、洗衣店就应该被设置在居民区附近，这样可以方便居民获得服务，也可以避免服务设施的浪费。

最后，在增加服务网点和提高服务能力之间进行权衡。一般来说，如果服务设施附近的集中性需求增加，需要提升这个服务点的服务提供能力，如增加员工；如果服务需求比较分散，则需要寻找新的需求高峰区，并且建立新网点。由于建立新网点的成本一般比较高，所以企业更愿意提升服务能力。

（三）服务能力利用率和服务质量

服务能力的大小与提供服务的质量有着密切的关系，一般来说，服务能力利用率保持在 80% 左右，可以提供最好的服务质量。如果服务能力利用率超过 80%，会造成企业满足服务的能力下降，服务质量也会随之下降。座席利用率通常是指话务员讲电话时间的多少。如果利用率很高，如 100%，就说明话务员当班时间一直在讲电话，一点儿空闲也没有；反之，利用率很低，就说明话务员大部分时间在等电话，而不是在讲电话。但是，座席利用率也不是越高越好。如果座席利用率过高，说明每当话务员挂断前一个电话，立即会有下一个电话进来，这就意味着，每时每刻总会有顾客在线上等待，顾客的体验会变差，即等待时间变长，导致放弃率增高。

最佳服务能力利用率有一个非常具体的范围。在不确定性和风险较高的情况下，保持低服务能力利用率是比较恰当的选择。例如，医院的急诊部门应该保持低服务能力利用率，因为事件发生概率的不确定性较高。此外，这类事件通常都是性命攸关的，风险较高。比较有预见性的服务，如通勤列车服务可以达到接近 100% 的服务能力利用率。有趣的是，还有一种服务是需要较高的服务能力利用率的，即所有运动比赛举办方都期待观众爆满的场景，不仅仅是因为 100% 的边际利润率，还因为观众爆满会产生更热烈的气氛，让他们兴致高涨，也更能激发主场队伍的斗志，从而间接刺激了未来的门票销售。

第三节　作业计划及服务作业计划

一、作业计划

作业计划是协调企业日常生产活动的中心环节。它根据年度综合计划规定的产品品种、数量及大致的交货期的要求，对每个生产单位（如车间、工段、班组等）在每个具体时期（如月、旬、日、小时等）内的生产任务做出详细规定，使年度综合计划得到落实。

企业为满足客户的要求，需要不断地制定计划、组织生产、调配人员和一切资源等。有效的作业计划可以促进资源的高效利用，有效发挥生产能力，增加生产柔性和交货期的可靠性，能够以更低的成本更好地服务顾客，这本身就是一种竞争优势。

（一）作业计划的概念及内容

作业计划是指综合计划工作的继续和具体执行计划，它把企业的全年生产、服务任务具体地分配到各部门及每名工人，规定他们每月、旬、周、日，以及轮班和小时内的具体任务，从而保证按照品种、质量、数量、期限和成本完成企业的任务。作业计划是在企业的综合计划确定以后，在出产计划的进一步指导下，为了便于组织执行而编制的。作业计划的制定是从产能规划开始的，一般按照年度或季度编制；进一步编制综合计划，对设备与库存的使用情况、员工的安排，以及是否外包等进行计划决策，一般按月编制，按照总量划分；再编制产品出产计划，一般按照周编制，按照产品或产品线划分；最后编制作业计划，进行作业排序，对企业的一切资源（如人员、材料和设备等）的具体使用进行安排，并指导生产。

与综合计划相比，作业计划具有以下特点。

1. 计划期短

综合计划的计划期常常表现为季、月，而作业计划详细规定月、旬、日和小时的工作任务。

2. 计划内容具体

综合计划是指全企业的计划，而作业计划则把任务落实到产品生产企业的各个车间、工段、班组和工人，以及服务业的服务平台和个人。

3. 计划单位小

综合计划一般只规定完整产品的进度，而作业计划则详细规定各零部件甚至工序的进度安排。

（二）作业计划标准

作业计划标准又称期量标准，是指为制造对象在生产期限和生产数量方面所规定的标准数据，它是编制生产作业计划的重要依据。先进合理的作业计划标准是编制生产作业计划的重要依据，是保证生产的配套性、连续性和充分利用设备能力的重要条件。制定合理的作业计划标准，对于准确确定产品的投入和产出时间、做好生产过程各环节的衔接、缩短产品生产周期和节约资源都有重要的作用。

作业计划标准是经过科学分析和计算后，对加工对象在生产过程中的运动所规定的一组时间和数量标准。作业计划标准是有关生产期限和生产数量的标准，因而企业的生产类型和生产组织形式不同时，采用的作业计划标准也就不同，大量流水线生产的作业计划标准有节拍、流水线工作指示图表和在制品定额等；成批生产的作业计划标准有批量、生产间隔期、生产周期、生产提前期和在制品定额等；单件生产的作业计划标准有生产周期、生产提前期等。

作业计划标准随产品品种、生产类型和生产组织形式而有所差别，但制定作业计划标准时都应遵循科学性、合理性和先进性的原则。

1. 产品专业化生产作业计划标准

（1）节拍

节拍是组织大量流水线生产的依据，是指大量流水线生产标准中最基本的作业计划标准，其实质是反映流水线的生产速度。它是根据计划期内的计划产量和计划期内的有效工作时间确定的。在精益生产方式中，节拍是个可变量，它需要根据月计划产量进行调整，这时会涉及生产组织方面的调整和作业标准的改变。

（2）流水线标准工作指示图表

在产品专业化生产中，每个工作地点都按照一定的节拍反复地完成规定的工序。为确保流水线按照规定的节拍工作，必须对每个工作地点的工作制度进行详细规定，编制作业指示图表，协调整个流水线的生产。正确制定流水作业指示图表对提高生产效率、设备利用率和减少在制品起着重要作用。它还是简化作业计划、提高作业计划质量的有效工具。

流水线作业指示图表是指根据流水线的节拍和工序时间定额来制定的，随流水线的工序同期化程度不同而不同。连续流水线的工序同期化程度很高，各个工序的节拍基本等于流水线的节拍，因此工作的负荷率高。这时就不存在工人利用个别设备不工作的时间去兼顾其他设备的问题。因此，连续流水线的作业指示图表比较简单，只要规定每条流水线在轮班内的工作中断次数、中断时刻和中断时间即可。

2．在制品占用量定额

在制品占用量定额是指在一定的时间、地点和生产技术组织条件下，为保证生产的连续进行而制定的必要的在制品数量标准。在制品是指从原材料投入到产品入库为止，处于生产过程中尚未完工的所有零件、组件、部件和产品的总称。在制品占用量按照存放地点可以划分为流水线（车间）内在制品占用量和流水线（车间）间在制品占用量。

3．成批生产的作业计划标准

成批生产在组织和计划方面的主要特点是指企业按照一定时间间隔依次成批生产多种产品。因此，成批生产作业计划要解决的主要问题就是妥善安排轮番生产，保证有节奏的均衡生产。

（1）批量和生产间隔期

批量是指同时投入生产并消耗一次准备结束时间所制造的同种零件或产品的数量。生产间隔期是指相邻两批相同产品（零件）投入或产出的时间间隔，生产间隔期是批的时间表示。

$$批量＝生产间隔期 × 平均日产量$$

（2）生产周期

生产周期是指从原材料投入生产开始，到制成品出产时为止的整个生产过程所需的日历时间。成批生产中的生产周期是指按照零件工序、零件加工过程和产品进行计算的，其中，零件工序生产周期是计算产品生产周期的基础。

（3）生产提前期

生产提前期是指产品（毛坯、零件）在各工艺阶段出产（或投入）的日期比成品出产的日期应提前的时间。产品装配出产期是计算提前期的起点，生产周期和生产间隔期是计算提前期的基础。提前期分为投入提前期和出产提前期。

（三）作业计划的编制

作业计划的编制就是把生产计划中所规定的有关任务，按照月、旬、周、日、轮班以至小时，具体地、合理地分配到车间、工段、小组以至工作地点和员工个人，从而保证整个企业生产计划规定的生产任务能够按品种、质量、产量和期限完成。

编制生产作业计划，除了明确一些总的问题（如要求分工、资料、程序等），主要是编制分车间的作业计划，着重解决各车间之间的生产在时间上的衔接问题，以及编制车间内部的作业计划，即着重解决工段之间的生产在时间上和数量上的衔接问题。

1. 编制作业计划的要求及分工

编制作业计划有以下 5 项要求。

第一，要使生产计划规定的该时期的生产任务在品种、质量、产量和期限方面得到全面落实。

第二，要使各车间、工段、班组和工作地点之间的具体生产任务相互配合、紧密衔接。

第三，要使生产单位的生产任务与生产能力相适应，并能充分利用企业现有生产能力。

第四，要使各项生产前的准备工作有切实保证。

第五，要有利于缩短生产周期、节约流动资金、降低生产成本，建立正常的生产和工作秩序，实现均衡生产。

计划编制的分工主要反映在两个方面：一是计划内容的分工；二是计划单位的选择。计划内容是指生产的品种、数量、投入、出产时间和生产进度；计划单位的选择是指下达计划采用台份单位、成套部件单位、零件组单位和零件单位的选择问题。

2. 厂级作业计划的编制

厂级作业计划由厂级生产管理部门编制。它根据企业年度（季）生产计划，编制各车间的月（旬、周）生产作业计划，包括出产品种、数量（投入量、产储量）、日期（投入期、产出期）和进度（投入进度、产出进度）。各车间分配生产任务时必须与其生产能力相平衡，并且使各车间的任务在时间上和空间上相互衔接，保证按时、按量、配套地完成生产任务。

（1）计划单位的选择

计划单位是指编制生产作业计划时规定生产任务所用的计算单位。它反映了生产作业计划的详细程度，即各级分工关系。在流水生产企业中，编制厂级生产作业计划时采用的计划单位有产品、部件、零件组和零件。

① 产品为计划单位。产品计划单位是指以产品作为编制生产作业计划时分配生产任务的计算单位。采用这种单位规定车间生产任务的特点是不分装配产品需用零件的先后次序，也不论零件生产周期的长短，只统一规定投入产品数、出产产品数和相应日期，不具体规定每个车间生产的零件品种、数量和进度。采用这种计划单位可以简化厂级生产作业计划的编制，便于车间根据自己的实际情况灵活调度；其缺点是整个生产的配套性差，生产周期长，在制品占用量大。

② 部件为计划单位。部件计划单位是指以部件作为分配生产任务的计算单位。采用部件计划单位编制生产作业计划时，根据装配工艺的先后次序和主要部件中主要零件的生产周期，按照部件规定投入和产出的品种、数量及时间。采用这种计划单位的优点是生产的配套性较好，车间也具有一定的灵活性；但缺点是编制计划的工作量加大。

③ 零件组为计划单位。零件组计划单位是指以生产中具有共同特征的一组零件作为分配生产任务的计算单位。同一组零件中的各零件的加工工艺相似，投入装配的时间相近，生产周期基本相同。如果装配周期比较长，而且各零件的生产周期相差悬殊，这时采用零件组计划单位可以减少零件在各生产阶段中及各生产阶段间的搁置时间，从而减少在制品及流动资金占用。采用这种计划单位的优点是生产配套性更好，在制品占用更少；但缺点是计划工作量大，不容易划分好零件组，车间灵活性较差。

④ 零件为计划单位。零件计划单位是指以零件作为各车间生产任务的计划单位。采用这种计划单位编制生产作业计划时，首先将生产计划规定的生产任务

层层分解，计算出每种零件的投入量、产出量、投入期和产出期要求。然后以零件为单位，为每个生产单位分配生产任务，具体规定每种零件的投入、产出量和投入、产出期。大量流水生产企业中普遍采用这种计划单位。它的优点是生产的配套性很好，在制品及流动资金占用最少，生产周期最短，同时，当零件的实际生产与计划有出入时，易于发现问题并调整处理；但缺点是编制计划的工作量很大。

由于目前计算机在企业中的广泛应用，尤其是运用制造资源计划（MRPU）后，计划编制工作量大大减少。因此，如果有条件，应尽量采用零件计划单位，它的优点很突出而缺点不明显。另外，编制车间内部的生产作业计划时，一般都采用零件计划单位。

（2）确定各车间生产任务的方法

编制厂级生产作业计划的主要任务是：根据企业的生产计划，为每个车间正确地规定每一种制品（部件、零件）的出产量和出产期。安排车间生产任务的方法随车间的生产类型和生产组织形式而不同，主要有在制品定额法、累计编号法、生产周期法。

① 在制品定额法。在制品定额法也叫连锁计算法。它根据在制品定额来确定车间的生产任务，保证各车间生产的衔接。大量流水生产企业中各车间生产的产品品种较少，生产任务稳定，各车间投入和产出数量及时间之间有密切的配合关系。大量流水生产企业生产作业计划的编制重点在于解决各车间在生产数量上的协调配合。这是因为同一时间各车间都在完成同一产品的不同工序，这就决定了"期"不是最主要的问题，而"量"是最重要的。在制品定额法正好适合这种特点。这种方法还可以很好地控制在制品的数量。

大批量生产条件下，车间分工及相互联系稳定，车间之间在生产上的联系主要表现在提供一种或少数几种半成品的数量上。只要前车间的半成品能保证后车间加工的需要和车间之间的库存，以及库存半成品变动的需要，就可以使生产协调、均衡地进行。

因此，大批量生产条件下要着重解决各车间在生产数量上的衔接问题。在制品定额法就是根据大批量生产的这一特点，用在制品定额作为调节生产任务数量的标准，以保证车间之间的衔接。也就是运用预先制定的在制品定额，按照工艺反顺序计算方法，调整车间的投入和出产数量，顺次确定各车间的生产任务。

② 累计编号法。累计编号过程中可以发现两点：第一，前一个车间的累计号数一定大于后一个车间的累计号数；第二，各车间的累计号数有大有小，其相差数就是提前量。

$$提前量＝提前期 \times 平均日产量$$

$$本车间出产累计号数＝最后车间出产累计号数＋本车间的出产提前期 \\ \times 最后车间平均日产量$$

$$本车间投入累计号数＝最后车间投入累计号数＋本车间的投入提前期 \\ \times 最后车间平均日产量$$

③ 生产周期法。该方法适用于单件小批生产。单件小批生产企业一般是按照订货来组织生产，因而生产的数量和时间都不稳定，不能使用累计编号法，更不能使用在制品定额法。单件小批生产企业编制作业计划要解决的主要问题是各车间在生产时间上的联系，以保证按照订货要求如期交货，这一点与大量流水线生产及成批生产是不同的。从这个特点出发，单件小批类型采用的方法是生产周期法，即用计算生产周期的方法来解决车间之间在生产时间上的联系（大批量是解决数量上的联系）。

3. 车间内部作业计划的编制

车间内部作业计划的编制主要包括车间生产作业计划日常安排、工段（班、组）生产作业计划的编制、工段（班、组）内部生产作业计划的编制等。具体的编制工作由车间及工段计划人员完成。

在大量流水线生产条件下，一条流水线可以完成零件的全部工序或大部分主要工序。工段的生产对象也就是车间的生产对象，企业给车间下达的计划所规定的产品品种、数量和进度，也就是工段的产品品种、数量和进度。若厂级生产作业计划采用的计划单位是零件，则对其略加修改就可以作为车间内部的生产作业计划，不必再做计算；若采用的计划单位是产品或部件，则首先需要分解，然后以零件为单位将任务分配到各流水线（工段）。

单件小批生产品种多，工艺和生产组织条件不稳定，不能编制零件分工序进度计划。根据单件小批生产特点，对于单个或一次投入一次产出的产品，要对其中主要零件和主要工种安排计划，用以指导生产过程各工序之间的衔接。其余零件可以根据产品生产周期表中所规定的各工序阶段提前期类别或按照厂部计划规定的具体时期，以日或周为单位，按照各零件的生产周期规定投入和出产时间。

二、服务作业计划

服务是一种无形的产品，服务作业也有自己的一些特殊性质。

（一）服务作业的特征

服务业与顾客的关系十分紧密。服务业的生产系统叫作服务交付系统。服务是通过服务台进行的，在各个服务台工作的员工就像是制造业的一线工人，他们所提供的成套服务就是服务作业，也是经过他们向顾客提供的产品。服务业需要接触顾客且服务无法通过库存调节，这给服务作业带来很大的影响。

1．顾客参与影响服务运作实现标准化和服务效率

顾客直接与服务人员接触，会对服务人员提出各种各样的要求，使得服务人员不能按照预定的程序工作，从而影响服务的效率。顾客参与的程度越深，对效率的影响越大。同时，顾客的要求各异使得服务时间难以预计，导致所需服务人员的数量难以确定。

2．满足顾客需求造成的服务时间损失

顾客为了排解孤独或与他人分享信息和兴趣，希望与服务人员交谈。为了满足顾客的这种需求，服务人员难以有效控制时间。使顾客感到舒适和有趣的代价是损失服务人员的时间。

3．难以获得客观的质量评价

顾客对服务质量的感觉是主观的，而服务是无形的，难以获得客观的质量评价。服务质量与顾客的感觉有关，某些顾客如果感到自己不受关注或者某些要求不能得到及时的满足，就会感到不满，尽管他们所得到的服务与其他顾客一样，也会认为服务质量差。因此，与顾客接触的服务人员必须敏感，善于与顾客交往。

（二）服务作业控制

1．减少顾客参与的影响

顾客参与会对服务运作的效率造成不利的影响，因此，要设法减少这种影响。采用以下多种方法，可以使服务运作在提高效率的同时提高顾客的满意度。

（1）通过服务标准化减少服务品种

顾客需求的多样性会造成服务品种无限多，服务品种增加会降低效率，服务标准化可以用有限的服务满足不同的需求。饭店里的菜单或快餐店的食品都是标准化的例子。

（2）通过自动化减少与顾客的接触

在有些服务业中，可通过操作自动化限制与顾客的接触，如银行的自动柜员机和商店的自动售货机等。这种方法不仅降低了劳动力成本，而且限制了顾客的参与。

（3）将部分操作与顾客分离

提高效率的一种方法是将顾客不需要接触的那部分操作与顾客分离，如在酒店服务时，服务员在顾客不在时才清扫房间。这样做不仅避免打扰顾客，而且可以减少对顾客的干扰，提高清扫的效率。另一种方法是设置前台和后台，前台直接与顾客打交道，后台专门从事生产运作，不与顾客直接接触。例如，饭店的前台服务员接待顾客，为顾客提供点菜服务；后台厨师专门炒菜，不与顾客直接打交道。这样做的好处是既可改善服务质量，又可提高效率。此外，前台服务设施可以建在交通方便、市面繁华的地点，这样可以吸引更多的顾客，以顾客为导向。相反，后台设施可以集中建在地价便宜的较为偏僻的地方，以效率为导向。

（4）设置一定库存量

服务是不能库存的，但很多服务可以通过库存来调节生产活动。例如，批发和零售服务都可以通过库存来调节。

2．处理非均匀需求的策略

各种转移需求的办法只能缓解需求的不均匀性，不能完全消除需求的不均匀性。因此，需要采取各种处理非均匀需求的策略。

（1）改善人员班次安排

很多服务是每周 7 天、每天 24 小时进行的。其中有些时间是负荷高峰，有些时间是负荷低谷。完全按照高峰负荷安排人员，会造成人力资源的浪费；完全按照低谷负荷安排人员，又造成供不应求，顾客流失。因此，要对每周和每天的负荷进行预测，在不同的班次或时间段安排数量不同的服务人员。这样既能保证服务水平，又减少了人员数量。

（2）利用半时工作人员

在不能采用库存调节的情况下，可以雇用半时工作人员，从而减少全时工作的固定人员数量。对一天内需求变化大的服务业或者是季节性波动大的服务业，都可以雇用半时工作人员。在服务业采用半时工作人员来适应服务负荷的变化，如同制造业采用库存调节生产一样。

（3）让顾客自己选择服务水平

设置不同的服务水平供顾客选择，既可满足顾客的不同需求，又可使不同水平的服务得到不同的收入。例如，邮寄信件可采用普通平邮或特快专递，顾客希望缩短邮寄时间，就需要多花邮费。

（4）利用外单位的设施和设备

为了减少设施和设备的投资，可以借用其他单位的设施和设备，或者采用半时方式使用其他单位的设施和设备，如机场可以将运输货物的任务交给运输公司去做。

（5）雇用多技能员工

相较于单技能员工，多技能员工具有更大的柔韧性。当负荷不均匀时，多技能员工可以到任何高负荷的地方工作，从而较容易地做到负荷能力平衡。

（6）顾客自我服务

如果能做到顾客自我服务，就不会出现能力与需求的不平衡的状况。例如，顾客自己加油和洗车、去超级市场购物、去自助餐厅用餐等，都是顾客自我服务的例子。

（7）采用生产线方法

一些准制造式的服务业采用生产线方法来满足顾客需求。在前台，顾客仍可按照菜单点他们所需的食品。在后台，服务人员则采用流水线生产方式加工不同的食品。然后按照订货型生产方式，将不同的食品组合提供给顾客。这种方式的生产效率非常高，因而可以做到低成本、高效率和及时服务。

第四章　企业运营与风险防范管理

第一节　企业风险的形成及类别

一、风险的定义及种类

在英文中可译为"风险"的词有若干个，最常出现在风险管理论著中的英文单词有 risk、peril、hazard。根据"risk"的词义，风险是指不利事件发生的可能性，如新产品退出后亏损的可能性。根据"peril"的词义，风险是指所发生的不利事件本身，如火灾、洪水、车祸等；或引起不利事件发生的条件。根据"hazard"的词义，风险是指不利事件发生的条件，即发生事故的前提、环境、诱因等。

（一）风险的定义

在前文分析的基础上，并综合已有的研究成果，本书对风险的定义：风险是指在特定情况下和特定时间内，未来事件的预期结果与实际结果的差异。

这个定义包括以下内涵：

① 未来事件的结果会随着时间、环境等客观条件的变化而变化，即具有客观的不确定性。

② 人类的预测能力是有限的，因此对于未来事件的预计结果也存在各种差异，即主观上的不确定性。

③ 风险包括风险收益和风险损失两个方面。由于人们认知能力的有限性，

具有不确定性的未来事件的实际结果并不是人们都能预计到的，或者即使都能预计到，有些结果也是人们不愿意接受的。未来事件的预期结果和实际结果的差异表现在两个方面：一是预期结果与实际结果的正向偏差。如果这种差异是人们愿意接受的，就表现为风险收益。二是预期结果与实际结果的反向偏差。这表现为风险损失。比如，一个投资项目的某一种可能的实际收益率大于其预期收益率，则是风险收益；反之，实际收益率小于其预期收益率，则是风险损失。

（二）风险的要素

风险与风险因素、风险事故和损失密切相关，要真正理解风险的本质，就必须弄清这三个概念及其相互关系。

1. 风险因素

风险因素是指促使或引起风险事故发生或风险事故发生时导致损失增加、扩大的原因或条件。风险因素是风险事故发生的潜在原因，是造成损失的间接原因。例如，建筑物的建筑材料与建筑结构以及干燥的气候和风力，对火灾事故而言，是风险因素；雇员的业务素质高低，对经济单位某项工作的成败而言，是风险因素；等等。

根据风险因素的性质分类，通常可以将风险因素分为物质风险因素、道德风险因素和心理风险因素 3 种。

（1）物质风险因素

物质风险因素是指增大某一标的风险事故发生概率或加重损失程度的物质条件。它是一种有形的风险因素。例如，环境污染对于人类健康危害、汽车刹车系统失灵对于交通事故、易燃建筑材料对于建筑物火灾等，都是物质风险因素。

（2）道德风险因素

道德风险因素是指与人的不正当社会行为相联系的一种无形的风险因素。通常表现为由于恶意行为或不良企图，故意促使风险事故发生或损失扩大。例如，偷工减料引起的产品事故，隐瞒产品质量引起的食品安全事件等。

（3）心理风险因素

心理风险因素是指由于人的主观上的疏忽或过失，导致风险事故发生的概率上升或损失程度加重。它也是一种无形的风险因素。例如，外出忘记锁门对于室内被盗事件、工程设计差错对于工程项目失败等，都属于心理风险因素。

道德风险因素和心理风险因素都与人密切相关。前者强调的是故意或恶意，而后者则强调无意或疏忽，但实际操作中二者往往不易区分。因此，如何防范道德风险因素和心理风险因素是风险管理的一个重要课题。基于这种考虑有人主张把道德风险因素与心理风险因素合称为人为风险因素。所以，风险因素也可分为两种，即物质风险因素和人为风险因素。

2. 风险事故

风险事故又称风险事件，是指引起损失的直接或外在的原因，是使风险造成损失的可能性转化为现实性的媒介。例如，火灾、地震、船舶碰撞、雷电、人的死亡、人的受伤和疾病等都是风险事故。

3. 损失

损失是指非故意、非计划、非预期的经济价值减少的事实。这里有两个要素：一是经济价值减少。强调的是能以货币衡量，即使对于人身伤亡，也是从由此引起的给本人及家庭带来的经济困难或者其对社会创造经济价值的能力减少出发来考虑。二是非故意、非计划和非预期。例如，"馈赠"和"折旧"，虽然都满足第一个要素，但不满足第二个要素，因为它们都是属于计划或预期中的经济价值减少，所以不是我们这里所定义的损失。

损失可分为直接损失和间接损失两种。其中，直接损失是指风险事件对于标的本身所造成的破坏事实，而间接损失则是由于直接损失所引起的破坏事件。例如，一家旅店遭受火灾，烧毁了房屋，这是旅店的直接损失；而因房屋被毁、旅店无法正常经营而导致的经营收益损失，则是旅店的间接损失。

4. 风险因素、风险事故和损失的关系

风险因素、风险事故和损失三者之间的关系是：风险因素引起风险事故，风险事故导致损失。例如，一辆汽车由于刹车系统失灵，发生车祸，撞伤一人，压坏一辆自行车。这里，刹车系统失灵是风险因素，车祸是风险事故，撞伤一人和压坏一辆自行车则是损失。

值得注意的是，同一事件，在一定条件下是造成损失的直接原因，则它是

风险事故；而在其他条件下，则可能是造成损失的间接原因，于是它成为风险因素。例如，下冰雹使得路滑，导致车祸造成人员伤亡。这时冰雹是风险因素，车祸是风险事故。但冰雹直接击伤行人，则冰雹便是风险事故了。

（三）风险的特征

1. 客观性

风险是客观存在的自然现象和社会现象所引起的。自然界的地震、洪水、雷电、暴风雨等，是自然界运动的表现形式，甚至可能是自然界自我平衡的必要条件。自然界的这种运动给人类造成生命和财产损失，便形成自然灾害，因而对人类构成风险。自然界的运动是由其运动规律所决定的，这种规律是独立于人的主观意识之外而存在的。人类只能发现、认识和利用这种规律，而不能改变它。同样，战争、冲突、车祸、失误和破产等是受社会发展规律支配的。人们可以认识和掌握这种规律，预防意外事故，减少其损失，但终究不能完全消除它。因此，风险是一种客观存在，而不是人的头脑中的主观想象。人们只能在一定范围内改变风险形成和发展的条件，降低风险事故发生的概率，减少损失程度，而不能彻底消除风险。

2. 偶然性

从全社会看，风险事故的发生是必然的。然而，对待定的个体而言，遭遇风险事故则是偶然的，这就是风险的偶然性。风险的偶然性是由风险事故的随机性决定的：其一，风险事故发生与否不确定。例如，就全社会而言，火灾未能消除，这使得所有经济单位都面临火灾的风险，但具体到某一家庭或企业，是否发生火灾，就未必了。其二，风险事故何时发生不确定。其三，风险事故将会怎样发生，将导致多大损失，也是不确定的。如水灾，我国每年都有，但就特定的年份而言，水灾发生在哪一地区、财产损失多少、人身伤亡几何，都是不确定的。

3. 可变性

世间万物都处于运动、变化之中，风险更是如此。风险的变化，有量的增减，也有质的改变，还有旧风险的消失与新风险的产生。风险的变化主要是由风险因素的变化引起的。

二、企业风险的形成

企业风险的形成是多方面的，有的是内部原因和外部原因，有的是主观原因和客观原因。国内外学者一般都把风险的形成归为自然、社会、经济、技术和主观等方面。我们认为，经营企业可以说是市场经济条件下的一种风险经济，因此，从企业与市场的关系来看，企业风险的形成主要有以下几个方面。

（一）企业经营环境的不确定性

企业经营环境的不确定性是导致企业风险的直接原因。从总体上看，它包含了社会政治的不确定性、政策的不确定性、宏观经济的不确定性和自然环境的不确定性。

社会政治的不确定性主要是指社会的政治、法律、人文观、民族文化等因素的变化。各种政治观点、政治实力的对抗以及不同宗教信仰的冲突等，都可能引起动乱、战争或政府的更迭，其结果可能造成企业生产经营活动的中断或经营条件的损坏。另外，社会生产关系的调整、制度的变更和规范的革新，这种不规则的变化会给企业经营环境带来一系列不确定，也可能导致企业风险。此外，政府法律、法规方面的不断变革，也成为企业风险的重要来源。

政策的不确定性是指有关国家各级政府政策变化的不确定性给企业带来的风险。政府政策的不确定性越高，企业的风险也越高。如当国家出现通货膨胀时，政府往往采取紧缩货币的政策，减少货币投放，提高利率或中央银行再贴现率。利率发生变化，势必会给企业的经营带来一定的风险。

宏观经济的不确定性是指由国家经济政策和产业结构变化所引起的经济形势的不确定性而产生的风险。宏观经济环境的变化主要包括产业结构、国民生产总值增长状况、进出口额及其比例、人均就业率与工资水平、利率与汇率等方面。

自然环境的不确定性是指自然界的运动过程中呈现出来的不规则变化。例如，地震、洪水，虽然自然科学技术很发达，但人们却无法完全准确地预测这些自然灾害会在何时、何地发生。即使人们在资料相当充分的情况下，也只能做出一些判断。这些都会给企业带来风险。

（二）企业主观认识的不完整性

作为商品生产者的企业是市场的主体。首先，由于市场本身并不完善，而身在其中的企业也会受其影响。自然运动和社会运动的不规则性，经济活动的复杂性及经营主体的经验和能力的局限性，不可能完全正确地预见客观事物的变化，因而企业风险就不可避免。

其次，从企业自身角度考察，企业运行中的人、财、物和供、产、销任一环节出现故障，如不能及时纠正，都可能使企业的经营活动无法进行。系统管理出现事故的地点、时间和程序是不可预测的。事实上，企业内部存在许多不确定性因素，如经营方向、生产运转、质量变动的不确定等，研究与开发的不确定，产品寿命周期的不确定和员工行为的不确定等，虽然主观上企业可以预测，但往往这些不确定性交叉发生，增加了企业决策者甄别和防范风险的难度。

最后，人是多样化的，每个人对风险的认识也有所不同，因而面对风险时做出的反应也不相同。由于人们的认识与态度不同，因此不确定性也因人而异。某个人认为不确定的事，另一人可能认为确定；对同一件事，一个人的不确定程度可能较高，另一人的不确定程度可能较低。由此可见，人们主观上认识的不完整性主要是源于个体的认识水平。

（三）企业的资金控制能力是有限的

不论是小企业还是大企业，对其资金的控制能力都是有限的。如果一个企业有充足的资金，即使发生风险损失也是不足为惧的。但当今社会企业对资金的控制能力很脆弱。虽然一些大企业控制的资金很庞大，然而一旦发生风险损失，就会在一夜之间化为乌有。这就是近年来许多优秀企业昙花一现的根本原因，它们的资金是一种泡沫，经受不起风险的考验。

（四）其他因素

市场经济运行的复杂性。社会生产和再生产过程的四个环节以及与之相应的所有经济活动的运行是极其复杂的，特别是市场经济条件下，更加呈现出自身的不规则性，由此导致的不确定性不可避免地引起企业的一些风险。行业结构在变动，因此，存在投入产品市场的不确定性以及竞争的不确定性。

商品的双重性。即商品价值和使用价值，由于两者之间存在一定的差距，两者内部矛盾不断深化和外化，那么与此相联系的市场风险的性质、范围、时空跨度和层次也会不断深化。

科学技术的发展。自工业革命以来，人类社会在科学技术的推动下得到了突飞猛进的发展，不但生产和创造出前所未有的大量物质财富，还建立了高度复杂的组织体系以及相应的社会文化和思维方式。然而，科技的发展以及人们对科技的依赖却在某种程度上增加了人类社会受到科技带来的负面影响的可能性。现代科技的风险既来自高科技、新技术发展带来的不确定性，也来自现代社会人们对科技的高度依赖带来的风险。这种对科技的高度依赖使深化科技失效和对科技的不当利用都会产生严重的后果。

另外，经济全球化、国际关系变化等都会对企业经营活动产生一定的影响。

三、风险的种类

为了研究和管理风险，我们需要按照不同的标准对风险进行分类。这里介绍几种常见的分类。

（一）按风险的性质分类

按照性质不同，风险可以分为纯粹风险和投机风险两大类。

1. 纯粹风险

纯粹风险（Pure Risk）是指那些只有损失可能而无获利机会的风险。当纯粹风险发生时，对当事人而言，只有遭受损失与否的结果。例如，火灾、沉船或车祸等事故发生，将导致受害者的财产损失和人身伤亡，但不会获得任何其他利益。

2. 投机风险

投机风险（Speculative Risk）是指那些既可能有损失，也可能有获利机会的风险。例如，人们进行股票投资之后，就面临着股票市值波动的风险。如果股票价格上涨，投资者就可能因此而获利；如果股票价格下跌，投资者就要承担损失。

（二）按风险的环境分类

按照环境不同，风险可分为静态风险和动态风险两大类。

1．静态风险

静态风险（Static Risk）是在社会经济正常情况下存在的一种风险，指由于自然力的不规则作用，或者由于人们的错误或失当行为而招致的风险。例如，洪灾、火灾，人的死亡、残疾或疾病，以及盗窃、欺诈、呆账或破产等。

2．动态风险

动态风险（Dynamic Risk）是指以社会经济的变动为直接原因的风险，通常由人们欲望的变化、生产方式和生产技术以及产业组织的变化等所引起。例如，消费者爱好转移、市场结构调整、资本扩大、技术改进、人口增长、利率变动或经济变化等。

静态风险与动态风险的主要区别在于：第一，对于社会而言静态风险一般可能导致实实在在的损失，而动态风险并不一定都将导致损失，即它可能对部分社会个体（经济单位）有益，而对另一部分个体造成实际的损失；第二，从影响范围来看，静态风险一般只对少数社会成员（个体）产生影响，而动态风险的影响则较为广泛；第三，静态风险对个体而言，风险事故的发生是偶然的、不规则的，但就社会整体而言，其具有一定的规律性，相反，动态风险很难找到其规律性。

（三）按风险标的分类

按照标的不同，风险可以分为财产风险、人身风险、责任风险和信用风险。

1．财产风险

财产风险（Property Loss Exposure）是指导致财产损毁、灭失和贬值的风险。例如，建筑物遭受地震、洪水、火灾的风险，飞机坠毁的风险，汽车遭受碰撞的风险，船舶遭受沉没的风险，财产价值由于经济因素而贬值的风险等。

2．人身风险

人身风险（Personal Loss Exposure）是指导致人的死亡、残疾、疾病、衰老及劳动能力丧失或降低的风险。人会因生、老、病或死等自然规律以及自然、政治、军事或社会等原因而早逝、伤残、工作能力丧失等。人身风险通常又可分为生命风险、意外伤害风险和健康风险三类。

3. 责任风险

责任风险（Liability Loss Exposure）是指由于个人或团体的疏忽或过失行为，造成他人财产损失或人身伤亡，依照法律或契约应承担民事法律责任的风险。与财产风险和人身风险相比，责任风险是一种更为复杂而又比较难以控制的风险，尤以专业技术人员（如医师、律师、会计师和理发师等）职业的责任风险为甚。

4. 信用风险

信用风险（Credit Risk）是指在经济交往中，权利人与义务人之间由于一方违约或违法致使对方遭受经济损失的风险。常见的信用风险有两类：一类是债务人不能或不愿意履行债务而给债权人造成损失的风险；另一类是交易一方不履行义务而给交易双方造成经济损失的风险。

（四）按风险形成的原因分类

按照形成原因的不同，风险可以分为自然风险、社会风险、经济风险和政治风险。

1. 自然风险

自然风险（Natural Risk）是指由于自然现象、物理现象和其他物质风险因素而形成的风险。例如，地震、海啸、暴风雨、洪水或火灾等。

2. 社会风险

社会风险（Society Risk）是指由于个人或团体的行为（包括过失行为、不当行为及故意行为）或不作为使社会生产及人们生活遭受损失的风险。如盗窃、抢劫、玩忽职守及故意破坏等行为将可能对他人财产造成损失或人身造成伤害等。

3. 经济风险

经济风险（Economic Risk）是指在生产和销售等经营活动中，由于受各种市场供求关系、经济贸易条件等因素变化的影响或经营者决策失误、对前景预期出现偏差等导致经营失败的风险。例如，企业生产规模的增减、价格的涨落和经营的盈亏等。

4. 政治风险

政治风险（Political Risk）是指在对外投资和贸易过程中，因政治原因或订约双方所不能控制的原因，使债权人可能遭受损失的风险。如因进口国发生战争、内乱而中止货物进口；因进口国实施进口或外汇管制，对输入货物加以限制或禁止输入；因本国变更外贸法令，使出口货物无法送达进口国，造成合同无法履行等。

需要注意的是，自然风险、社会风险、经济风险和政治风险是相互联系、相互影响的，有时很难明确区分。例如，由于人的行为引起的而以某种自然现象表现出来风险，则本身属于自然风险，但由于它是人们行为的反常所致，因此又属于社会风险。又如，由于价格变动引起产品销售不畅，利润减少，这本身是一种经济风险，但价格变动导致某些部门、行业生产不景气，造成社会不安定，这又是一种社会风险。还有，社会问题积累到一定程度可能演变成政治问题，因此，社会风险也酝酿着政治风险。

（五）按承担风险的经济主体分类

按承担的经济主体不同，风险可以分为个人与家庭风险、团体风险和政府风险。

1. 个人与家庭风险

个人与家庭风险主要是指以个人与家庭作为承担风险的主体的一类风险。个人与家庭面临的风险主要有人身风险、财产风险、责任风险和信用风险等。

2. 团体风险

团体风险主要是指以企业或社会团体作为承担风险的主体的一类风险。企业或社会团体面临的风险主要有企业或社会团体的员工人身风险、财产风险、信用风险、投资风险、筹资风险、市场风险和责任风险等。

3. 政府风险

政府风险主要是指以政府作为承担风险的主体的风险。

（六）按风险能否分散分类

按能否分散，风险可分为系统风险和非系统风险。

1. 系统风险

系统风险是指由于政治、经济及社会环境等企业外部某些因素的不确定性而产生的风险。它存在于所有企业中，并且是个别企业无法控制，也无法通过多样化投资予以分散的。

2. 非系统风险

非系统风险是指由于经营失误、消费者偏好改变、劳资纠纷、工人罢工、新产品试制失败等因素影响而产生的个别企业的风险。

除了上述基本的分类方法以外，还可以依照其他分类方法进行分类。例如，按照风险的可控程度，将风险分为可控风险和不可控风险；按风险涉及的范围，将风险分为局部风险和全面风险，等等。

四、企业风险的类别

风险作为一种自然现象，也是一种社会现象和经济现象，普遍存在于社会中，无论是个人、社会还是其他组织都面临着各种各样的风险。在市场经济条件下，企业作为社会经济活动的基本单位，总是在不同的风险条件下生存和发展，时刻面临着各种风险的威胁。为了有效地预测风险、控制风险，需要对风险进行适当的分类，以明确风险形成的原因，对不同的风险采取相应的防范措施，以达到风险管理的目的。企业风险的内容极其广泛，这决定了其分类的复杂性。

上述关于风险的总体分类，也适用于企业风险的分类。但由于企业风险及其特征非常复杂，风险承担主体又各不相同，因此关于风险的认定、分类一直没有一个权威的定论。由于本书涉及的主要是企业风险，因此，有必要针对企业自身的特点，对企业风险进行分类。

从企业管理的角度来看，风险广泛存在于企业生产经营过程中，以及企业的经营、财务、金融等诸多方面。企业风险可以分为如下三大类。

（一）经营风险

经营风险是指由于企业生产经营方面的不确定性而使企业收益产生变化的可能性。主要包括以下几个方面。

1．生产风险

生产风险主要来源于生产过程中诸要素的不确定性。在生产过程中，企业所拥有的原材料、机器设备等经济资源的配置和使用，会随着生产经营的不断变化而进行调整，使企业预期收益具有不确定性。

2．人力资源风险

人力资源风险是指在招聘、工作分析、职业计划、绩效考评、工作评估、薪金管理、福利、激励、员工培训、员工管理等人力资源管理的各个环节中产生的风险。

3．市场营销风险

市场营销风险是指企业在开展市场营销活动的过程中，由于出现不利的环境因素而导致市场营销活动受损甚至失败的状态。企业在开展市场营销活动的过程中，必须分析市场营销可能出现的风险，并努力加以预防，设置控制措施和方案，最终实现企业的营销目标。

4．新产品开发风险

新产品开发风险是指企业对新产品开发的内外环境不确定性估计不足或无法适应，或对新产品开发过程难以有效控制而造成新产品开发失败的可能。

5．并购风险

并购风险是指由于企业并购所带来未来收益的不确定性，造成的未来实际收益与预期收益之间的偏差。

（二）财务风险

财务风险与企业资金的筹措、运用、管理以及安全密切相关。它是指企业在各项财务活动中由于各种难以预料或控制的因素的影响，导致财务状况具有不确定性，从而使企业有蒙受损失的可能性。具体包括以下几个方面。

1. 筹资风险

筹资风险是指企业在筹资活动中由于资金供需市场、宏观经济环境的变化或筹资来源结构、币种结构、期限结构等因素而给企业财务成果带来的不确定性。

资金是企业生产经营活动的必备条件，任何企业在其创立、发展过程中都需要通过一定的渠道、方式来筹集所需资金。随着金融市场体系的不断完善，资金来源呈现多元化，筹资方式出现多样化。概括来说，不同的筹资方式包括债务筹资方式和股权筹资方式。在企业的债务筹资过程中，受固定利息负担和债务期限结构等因素的影响，若企业经营不佳，特别是投资收益率低于债务利息率，可能产生不能按时还本付息破产的风险。在股权筹资过程中，企业通过发行股票方式吸收投资者投入的资金而形成企业的股权性资本。当企业投资收益不能满足投资者的收益目标时，投资者就会抛售公司股票，造成公司股价下跌。同时，也会使企业再筹资的难度加大，筹资成本上升。特别是在企业经营出现困难时，企业极易成为竞争对手的收购对象，从而面临被收购的风险。

此外，在整个筹资过程中，企业还面临着筹资时效、筹资数量、各种具体的筹资工具选择的风险等。

2. 流动资产风险

流动资产风险是指企业资金流出与流入在时间上不一致所形成的风险。当企业的流动资产出现问题时，无法满足日常生产经营、投资活动的需要，或无法及时偿还到期的债务时，可能会导致企业生产经营陷入困境，收益下降，也可能给企业带来信用危机，使企业的形象和声誉遭受严重损害，最终陷入财务困境，甚至导致破产。

在企业经营中，与流动资产风险有关的 3 个因素是：现金管理——收付风险；应收账款管理——信用风险；存货管理——资金占用风险。

3. 投资风险

投资风险是指企业在投资活动中，由于受到各种难以预计或控制的因素的影响给企业财务成果带来的不确定性，致使投资收益率达不到预期目标而产生的风险。通常，投资项目是决定企业收益和风险的首要因素，不同的投资项目往往具有不同的风险，包括对内投资项目风险和对外投资项目风险，它们对公司价值和公司风险的影响程度也不同。

　　企业的对内投资项目包括固定资产、流动资产等有形资产的投资以及高新技术、人力资本等无形资产的投资。在投资过程中，投资决策不科学，投资所形成的资产结构不合理往往会导致投资项目不能达到预期效果，从而影响企业盈利水平和偿债能力，产生财务风险。尤其是巨额固定资产投资和无形资产投资的风险，对企业的影响轻则几年、重则几十年，甚至会使企业最终破产倒闭。

　　企业的对外投资是指企业将自己投资于其他有关单位，或购买有价证券等金融资产。被投资企业收益的不确定性，导致投资企业对外投资收益的不确定性，进而使企业遭受财务成果损失的风险。

（三）金融风险

1. 利率风险

利率风险是指企业由于利率波动而引起的对未来收益、资产或债务价值的波动性或不确定性而可能导致的损失。

2. 汇率风险

汇率风险又称外汇风险，是指经济主体持有或运用外汇的经济活动中，因汇率波动而蒙受损失的可能性。

第二节　企业风险管理的概念与目标

一、企业风险管理的概念

（一）企业风险管理观点

企业风险管理的概念，大多理论界的定义是参照 1988 年新巴塞尔协议的文本引入的。企业风险管理是指企业在实现未来战略目标的过程中，将市场不确定因素产生的影响控制在可接受范围内的过程和系统方法。

2003 年美国反欺诈财务报告全国委员会的发起组织委员会（COSO 委员会）在《企业风险管理框架草案》中将企业风险管理定义为：企业风险管理是一个过程，受组织的董事会、管理层和其他人员的影响，风险管理应用于战略制定，贯穿于整个企业。风险管理旨在识别影响组织的潜在事件，在组织的风险偏好范围内管理风险，为组织目标的实现提供合理的保证。

（二）概念

通过上述观点评析，本书认为，对企业风险管理的定义应抓住管理这个实质。

1. 企业风险管理的概念

企业风险管理是指全面分析企业各个经营过程中的风险，通过对风险的识别和衡量，采用合理的经济手段和技术手段对风险进行处理，以最低的成本获得最大安全保障的一种管理活动。

2. 理解概念

理解概念，需要注意以下几点。

（1）企业风险管理的主体是企业全体员工

这里指企业的全体员工，不仅仅是企业的管理者，还涵盖企业的普通员工，以及企业的所有职能部门。风险管理不仅仅是管理者几个人的事情，也不仅仅是几个职能部门的事情，需要全体员工共同参与。

（2）企业风险管理的对象是风险

历史上关于风险管理的对象有纯粹风险说和全部风险说两种观点。前者强调风险管理的对象是纯粹风险，后者强调企业风险管理应全面分析企业经营过程，以全部风险为管理对象，虽然企业的管理精力有限，企业不可能处理全部风险，但企业仍然要关注所有风险，对风险进行衡量后，重点选择风险发生概率高和风险损失大的风险。只有在企业评估了全部风险后，才能将可能的风险损失降到最低。

（3）企业风险管理的目标要清晰

企业风险管理的目标是以最小的成本换取最大的安全保障，进而确保企业经济活动的稳定、持续和发展，实现企业价值的最大化。因此，良好的风险管理能够增加企业成功的几率，降低失败的可能。

（4）企业风险管理的要素

企业风险管理的要素包括内部环境、目标设定、事项识别、风险评估（衡量）、风险对策、控制活动、信息和沟通、监督。

二、企业风险管理的目标

企业风险管理的目标对风险管理的效果十分重要。这些目标必须是清晰的，否则，在以后的实施过程中就会产生很大的分歧，并且这些不同的意见将会被带入审核自身当中。

绝大多数的风险管理计划都是随着时间的推移而逐步完善的。新的风险出现时，需要用适当的方法去应对。有时通过购买保险去应对新出现的风险，有时则采用预防的方法。

确定企业风险管理的目标是一项综合性的工作，需要从风险管理的各个环节、各个方面来加以考虑。但总的来说可以分为两类：损前目标和损后目标，这两个目标还可以继续分解，如表 4-1 所示。

表 4-1　企业风险管理目标分类

损前目标	损后目标
1.经济性目标	1.生存目标
2.合理合法性目标	2.持续经营目标
3.降低潜在损失性目标	3.稳定的盈利目标
4.社会责任目标	4.发展目标
	5.社会责任目标

（一）损前目标

1.经济性目标

企业风险管理必须经济，就是要尽量减少不必要的费用支出和损失。在决定对风险采取措施以前，应综合衡量所花的成本以及由此而取得的收益或对企业的好处，即应对风险在经济上是可行的。

2. 合理合法性目标

采取适当的方法去处理风险损失时要符合法律规定。如公司董事会在不通知股东的情况下，挪用公司的盈余公积金去应对风险损失，即使结果是好的，其过程也是不符合法律规定的。

3. 降低潜在损失性目标

通过降低潜在损失，使企业在风险真正发生时减少损失程度，从而达到降低成本的效果。

4. 社会责任目标

社会责任目标既是损前目标又是损后目标。

损前的社会责任目标是指因为企业与员工、企业与其他利益相关者和整个社会的关系而面临的各种社会责任。作为风险管理的手段，预防损失和控制损失能产生社会利益，这些手段使资产避免遭受破坏，避免了社会损失，社会可从中受益。而且，当一个公司破产时，公司的所有者和员工都会遭受损失。如果采取适当的风险管理策略来保护企业，使之免于灾难性的损失，就可以避免破产和由破产所导致的破坏。

（二）损后目标

1. 生存目标

毫无疑问，无论企业的目标是什么，只有当企业继续生存时才有可能实现这些目标。如果企业不再存在，则任何目标都是无法实现的。由此可见，风险损失后的第一个目标就是生存目标，即企业在经济社会中作为一个经营实体继续存在。

2. 持续经营目标

企业生存下来，怎样让它运转下去并实现既定目标就是接下来的问题。损失发生后，实施风险管理的第二个目标就是保证生产经营等活动迅速恢复正常，尽快使企业的各项经济指标达到损前的水平。对于企业风险管理来说，保证生产服务这一目标有时带有强制性或义务性。如连续不断地为公众设施提供服务就是一种义务。

3．稳定的盈利目标

股东更喜欢稳定的收益，而不是剧烈波动的收益。减少风险可能带来的收益变化，就能提升公司的总体绩效，而且其本身也是公司的目标。

在成本费用不增加的情况下，通过持续的生产经营活动，或通过提供资金以补偿由于生产经营的中断而造成的收入损失，均能达到实现稳定收入这一目标。收入的稳定与生产经营的持续两者是不同的，它们是风险管理的不同目标。

4．发展目标

利润最大化并不总是企业的主要目标。对一个有强劲增长势头的企业来说，持续增长的能力是它最重要的目标之一。当成长成为组织的主要目标时，使其免于增长的威胁便成了风险管理的一个重要目标。执行和实施风险管理计划和方案，及时、有效地处理各种损失，并不断根据可能出现的新情况拟定新的风险管理计划和方案，周而复始地执行计划，从而使企业实现持续、稳定的增长，这是风险管理应达到的最高层次目标。

5．社会责任目标

履行企业的社会责任，如法律规定企业赔偿员工因工受伤的损失，并要求企业给员工上保险等。正如损前目标强调企业应承担社会责任一样，有效地处理风险事故所带来的损失，减少因损失所造成的种种不利影响，可以使企业更好地、充分地承担社会责任，履行应尽的义务，从而树立良好的公众形象。

第三节　企业风险管理的组织体制

一、风险管理组织结构

企业可以针对不同的规模、组织结构设置相适应的风险管理组织系统。对于中、小型企业，可以不必设置专门的风险管理部门，风险管理的任务可由专职人员承担，如由厂长或经理作为风险管理的总负责人，也可赋予各部门操作和信息反馈。对于大型企业，由于受到内部组织和生产过程的复杂性、信息沟通的相对困难以及各部门具有盲目追求业绩和完成目标任务的冲动等诸多因素的影响，其所面临的各种风险都比中小企业的风险要更大一些，因而一般设有专门的风险管理部门，并配备有专职的风险管理人员。

二、风险管理组织结构关系

（一）董事会

董事会是负责公司重大投资及其各项业务活动决策，并实施有效监督的机构。它对股东大会负责，并承担财务损失的责任。因此，董事会实施有效的风险管理，监督和评估公司总体的风险水平，确保公司所承担的风险在可接受的范围之内。

（二）风险管理委员会

在董事会中通常设立风险管理委员会，其隶属于董事会的专业委员会，向董事会提供独立支持。风险管理委员会的成员要由董事会决议任命，委员会由4位非执行董事组成，其中一位要被任命为委员会主席。还可以吸纳风险管理部门主管及其他业务部门主管参与，负责董事会的日常风险管理工作，并定期向董事会报告风险管理方面出现的有关问题。风险管理委员会的主要职责包括：制定公司风险管理中合理的正常流程和风险管理流程，确保公司整体风险的管理；建立独立的风险管理单位，以度量、控制和报告风险；建立风险检查和评价制度；督促各项风险内部管理措施和规章制度的贯彻实施；定期检查风险程度等。

（三）风险管理部

风险管理部是风险管理委员会下设的常设机构，在风险管理上独立于各业务部门和高层管理人员的风险管理执行机构。风险管理部的主要职责是：负责风险管理信息的收集、筛选、整理、传递、报告等工作，分析企业所面临的各种风险，制定企业的风险管理政策和标准等；对各职能部门风险管理过程中出现的问题进行及时的修订、改进等；随时检测风险的发展变化，并及时、全面地向风险管理委员会汇报等。

（四）各业务职能部门

各业务职能部门是风险管理策略的具体执行者。企业可以结合各业务部门的特点设置风险管理小组，该小组根据企业的风险管理战略制定本部门具体的风险管理政策，策划本部门风险管理的具体工作，认真执行风险管理部下达的风险管理方面的任务，对本部门的风险状况进行识别、衡量、处理、检查和评价，并及时上报风险管理部门。

（五）首席风险官

对于企业所属行业风险较大、发生频次较多的企业来说，可以根据企业的实际需要设立首席风险官职位。其工作报告给董事会的风险委员会和CEO。其职责是：使风险委员会能够履行其章程中规定的职责；按照公司的风险管理愿景，沟通和管理企业风险管理的建立和维持；确保业务单元首席执行官具有适当的风险管理权和合理的管辖地区；确认企业风险管理正在每个业务单元发挥职能，而且正在及时识别和有效管理所有的重大风险；与风险委员会沟通有关企业风险管理的状况；把企业风险管理模式推荐给CEO和业务单元领导，并协助将其融入他们的经营计划和持续报告中；确保风险管理能力在所有业务单元和企业的发展和维持。

第四节　企业风险管理的基本程序

一、风险识别

（一）风险识别的概念

风险识别（Risk Identification）是风险管理的第一步，是系统地、连续地发现企业所面临的风险类别、形成原因及其影响的行为，是处理风险的基本前提。

可以说，风险管理工作的成效主要取决于风险识别工作。如果不对风险进行准确的识别，就不可能知道企业存在什么风险、可能发生什么风险，就会失去及时、有效地控制这些风险的机会，也就不能对处理风险有所作为。

所谓风险识别是指对企业面临的尚未显化的各种潜在风险进行系统的归类分析，以揭示潜在风险及其性质的过程。它的基本任务就是识别、了解企业风险的种类及其可能带来的严重后果。

（二）风险识别的方法

要对企业存在的风险进行识别，就需要对企业进行全面而深入的调查研究，分析可能存在的风险因素和可能发生的风险类别，进而做出比较准确的判断。

企业风险识别的方法多种多样，以下简单介绍6种基本方法。

（1）现场观察法

现场观察法是指通过对企业的各种生产经营活动和具体财务活动的观察，来了解和把握企业面临的各种风险。

（2）财务报表分析法

企业的风险普遍显现为财务风险，并体现在报表上。财务报表分析法是指以企业的资产负债表、损益表和现金流量表等财务报表为依据，通过采取水平分析法、垂直分析法、趋势分析法、比率分析法等，来识别企业当前所面临的所有风险，甚至还能发现企业未来的风险。

（3）案例分析法

案例分析法是指在识别企业风险时，比照过去的企业风险管理实践中类似的案例，从中总结经验和方法，吸取有关教训。如根据以往的赊销经验，判断企业的现金流量风险。

（4）集合意见法

通过与企业各部门有关人员沟通交流，征询其他有关风险存在和来源的意见，然后通过风险管理人员将各种风险意见汇总起来，进行综合的分析和研究，以全面了解企业风险发生的情况。这样既可以发现企业风险，又可以提高企业各部门的协同作用。

（5）德尔斐法

德尔斐法又称专家调查法，是指在识别风险时，采用信函的形式向有关专家提出问题，得到答复，将所回答的各种意见整理、归纳，并匿名反馈给有关专家，再次征求意见，然后再次综合反馈。这样如此反复多次，直到得到比较一致的意见为止。

（6）业务流程分析法

业务流程分析法是指将企业的各项经济活动按照内在的逻辑联系建立一系列的流程图，针对流程图中的每一个环节逐一进行调查、研究和分析，从中发现潜在的企业风险的一种风险识别方法。通过经济活动流程图分析，可以分析企业活动的薄弱环节，即极易产生企业风险的环节，这样就可以对其进行重点把握和分析。

上述各种企业风险识别方法各有优缺点和使用条件，因此应根据企业环境及风险管理情况，适当地选择一种或几种方法进行组合。

二、风险衡量

在识别了风险后，下一步就是风险衡量，即衡量风险对企业的影响。

（一）风险衡量的概念

风险衡量（Risk Measurement）又称风险评估，是指用现代定性或定量分析的方法来估计和预测某种风险发生的概率及其损失程度。概率是指一定时期内风险可能发生的概率；损失程度是指每次损失可能的规模，即损失金额的大小。

（二）风险衡量的方法

1. 定性方法

风险衡量定性方法是指风险管理人员通过风险识别阶段所得到的信息，运用一定的方法，进行信息加工和处理，从而得到风险事件发生的概率及其损失程度这两个重要指标，为风险管理者选择风险处理方法、进行风险管理决策提供依据。

企业风险定性评估方式可以将企业风险概率表示为"很小""中等""较大"，企业风险导致的损失大小也相应地划分为重大损失、中等损失和轻度损失，这样可以在如图 4-1 所示的风险等级图的坐标系中对风险进行定位。企业应该针对不同的企业风险在风险等级图中不同的位置进行不同的处理策略。

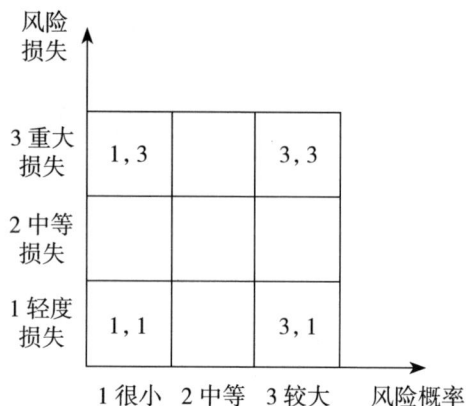

图 4-1　企业风险等级图

2. 定量方法

风险衡量可以借助简化的模型来计算某种风险程度下的期望收益，将情况的判断和数据的整理计算结合起来。企业风险事件的发生与否具有不确定性，在概率中称为随机事件，其发生的可能性通常用概率来衡量。因此，风险衡量的定量方法就是计算各种概率下的损益结果并进行比较。

第一步，分析可能出现的各种情况，并且根据所掌握的信息及有关资料和经验，估计每种情况出现的概率。

例如，某公司拟投资开发新项目，经分析可能出现三种情况（良好、一般和较差），并估计出其相应的概率分布。同时，针对相同的投资额，提出了 A、B 两个可供选择的方案，有关数据如表 4-2 所示。

表 4-2　拟投资开发新项目的基本情况

单位：万元

投资环境	概率	A 方案预期收益	B 方案预期收益
良好	0.3	80	120
一般	0.5	60	40
较差	0.2	40	−20

第二步，计算每个方案的收益期望值 $E(x)$。

收益期望值是按照概率分布计算的加权平均值，它反映了一个投资项目的预期收益。期望值越大，表明预期收益越大；反之，则较小。收益期望值的计算公式如下：

$$E(x) = \sum x_i \times P_i$$

式中，$E(x)$ 为收益期望值；x_i 为第 i 种情况的预期收益；P_i 为第 i 种情况发生的概率。

根据公式可计算出方案 A 和方案 B 的收益期望值如下：

方案 A 收益期望值 $E(x_A) = 0.3 \times 80 + 0.5 \times 60 + 0.2 \times 40 = 62$（万元）

方案 B 收益期望值 $E(x_B) = 0.3 \times 120 + 0.5 \times 40 + 0.2 \times (-20) = 52$（万元）

第三步，计算每个方案收益的方差和标准差。

收益的方差（δ^2）和标准差都是反映不同风险条件下的实际收益和收益期望值之间偏离程度的指标。方差或标准差越大，说明事件发生结果的分布越分散，投资收益波动越大，投资风险越大；反之，则越小。

方差与标准差的计算公式如下：

$$方差 = \sum P_i \cdot [x_i - E(x)]^2$$
$$标准差 = \sqrt{\sum P_i \cdot [x_i - E(x)]^2}$$

根据上述公式分别计算方案 A、方案 B 的方差和标准差为：

方案 A 的方差 $= 0.3 \times (80-62)^2 + 0.5 \times (60-62)^2 + 0.2 \times (40-62)^2 = 196$

方案 A 的标准差 $= 14$

方案 B 的方差 $= 0.3 \times (120-52)^2 + 0.5 \times (40-52)^2 + 0.2 \times (-20-52)^2 = 2474$

方案 B 的标准差 $= 49.74$

第四步，计算每个方案的变异系数，并根据变异系数来判断各个方案期望收益下的风险程度。

方差和标准差虽能表明风险的大小，但是它们不能用于不同方案风险程度的比较。因为在方差或标准差相同的情况下，收益期望值不同，风险程度也不同。变异系数是指标准差与期望值的比例，即：

$$变异系数 = (标准差 / 期望值) \times 100\% = [\delta / E(x)] \times 100\%$$

计算方案 A、方案 B 的变异系数如下：

方案 A 的变异系数＝（14/62）×100% ≈ 23%

方案 B 的变异系数＝（49.74/52）×100% ≈ 96%

变异系数越高，表示风险程度越大；反之，则表示风险程度越小。通过方案 A、方案 B 的比较可以得出，方案 B 的投资风险高于方案 A 的投资风险。

企业风险衡量除了可以借助概率定量度量外，还可以根据不同的风险，采用其他的方法，如盈亏平衡法、决策树法等。

三、风险处理

在风险识别、风险衡量之后，风险管理人员必须运用合理、有效的方法对风险加以处理。风险处理是指在风险识别和风险衡量的基础上，针对企业所存在的风险因素，积极采取处理措施，以消除、减少风险因素或减少风险因素的危害性的处理方法。

一般风险处理的方法有风险规避策略、风险转移策略、风险控制策略、风险自留策略。

（一）风险规避策略

风险规避是指当企业风险潜在威胁发生的可能性很大，不利后果也比较严重，而且又无其他措施可采用时，主动放弃项目或改变项目目标与行动方案以规避风险。如果通过风险衡量发现项目目标的实施将会给企业带来重大损失，企业管理者又不能通过其他有效的办法来处理风险，这时就应该放弃项目的实施，以免造成更大的经济损失。风险规避策略在消除风险的同时，也使企业失去了获得由风险带来的收益的机会，也扼杀了有关人员的积极性。因此，在采取风险规避策略之前，必须对风险有足够的认识。

（二）风险转移策略

风险转移的目的是通过若干技术手段和经济手段将风险部分或全部转移给其他企业或个人承担。在实施这种策略转移风险的同时，也转移了部分可能由风险带来的利益。转移风险主要通过 3 种方式：①出售。就是通过买卖契约将风险转移给其他单位。②发包。就是通过从企业外部获取原材料、服务、产品等，而将风险转移出去。③保险与担保。保险是常见的一种方式，只要企业向保险公司交纳一定数额的保险金，在风险事故发生时就能获得保险公司的补偿，从而将风险转移给保险公司。

（三）风险控制策略

风险控制策略是指风险事故发生前努力降低风险发生的可能性，并在损失发生后尽量减少风险损失的一种策略。一般地，在风险发生前尽量降低损失频率的行为称为风险事前控制策略或风险预防策略，也称为防损。在风险发生后尽量减轻损失称为风险事后控制策略或减损。

1．风险事前控制策略

事前防范是指采取积极的控制措施，努力消除产生风险的各种因素，以减低风险发生的几率。为此，也可以采取以下具体措施：提高风险识别和衡量的科学性，为预防风险的发生提供可靠的基础；科学分析风险因素，防止风险事故的发生，最好是能消除风险因素；隔离存在的风险因素及加强对员工的安全教育。

2．风险事后控制策略

风险事后控制策略主要是指事故发生后所采取的各种措施，以降低损失的程度。可采取的措施有风险救护、应急计划、风险分离、总结经验教训，探索风险形成、发生的规律。要善于总结风险事故发生的教训和降低损失的经验，力求探索出处理风险的规律，增强预防发生这类风险或其他风险的能力，真正做到全面管理。

（四）风险自留策略

风险自留策略是指由面临风险的企业自己承担风险事故所致损失的一种风险处理方法。它是通过企业内部资金的融通来弥补损失。一旦选择风险自留策略，风险管理人员就必须在损失发生时，能获得足够的资金来置换受损的财产，满足责任要求的赔偿，维持企业的经营活动。

尽管风险自留策略有时候是无意的，或者属于无奈的、被动的选择，但在很多情况下，企业确实把风险自留有意或主动地作为一种风险管理的手段。当然，还有其他一些原因：风险自留的成本较低；风险自留可以控制理赔进程；风险自留可以获得备用金的投资收益；风险自留可以避免保险中的社会责任。但风险自留也有一些不足之处：容易造成企业的巨大损失；风险自留的成本是变化的；可能引起企业内部关系和企业外部关系的紧张。

风险自留策略实质上是企业在某种风险无法回避也不可能转移或因冒风险可能获得较大的利益时，自行承担风险及损失发生后的财务后果。在很多情况下，风险自留策略应与风险转移策略、风险控制策略结合起来使用。

四、风险检查和风险评价

（一）风险检查

在风险管理的决策贯彻和执行后，就必须对其执行的情况进行检查和评价。其理由是：一方面，风险管理的过程是动态的，风险是在不断变化的，新的风险也会产生，原有的风险也会消失，上一次处理风险的策略也许下一次就不再可行；另一方面，有时做出的决策是错误的，对计划的检查和评价可以及时发现这些错误，并能在它们造成严重后果之前对其加以纠正。

（二）风险评价

评价的基本标准是效益标准，即主要看是否能以最小的成本获得最大的安全保障。在一定时期内，风险处理方案是否为最佳、效果是否最好，需要采取科学的方法对其加以评估。常用的评估公式为：

效益比值＝因采取该风险处理措施而减少的风险损失 /（因采取该风险处理方案所支付的各种费用＋机会成本）

若效益比值小于 1，则该项风险处理方案不可取；若效益比值大于 1，则该项风险处理方案可取。使得效益比值达到最大的风险处理方案为最佳方案。

第五章 企业财务管理的概述

第一节 现代企业财务管理的界定

一、企业财务与财务管理的定义

（一）什么是企业财务

财务源于公有财产日渐稀少，私有财产观念萌芽的出现，是伴随着商品货币的产生而产生，并随着市场经济的发展而发展的重要经济范畴。

19世纪"财务"一词从西方引入我国，原词为finance，也译为"金融"。财务是组织财务活动处理财务关系的统称。企业财务是企业在再生产过程中客观存在的企业财务活动及其所体现的经济利益关系的总称。财务活动是通过资金运动体现出来的，它的基本构成要素是投入和运用着的企业资金。资金是财产物资价值的货币表现（包括货币本身）。资金要素能够反映运动着的价值，其实质是在生产过程中运动着的价值。

资金的特点包括：①垫支性。即预付性，资金首先表现为资本的垫支，垫支是交换并实现价值形态转化的前提，资金的垫支性赋予对资本保值的要求。②物质性。资金以资产为价值载体，资产是企业的生产经营要素，要求资金在各种资产形态中同时存在并合理分布。③增值性。资金循环与周转的根本目的是价值增值，资本增值是资本所有权对资本使用权的根本要求。④周转性。资金必须通过运动才能增值，资金的运动过程就是资本价值形态的转换过程，这就要求保持资金形态的依次继起和流动性。⑤独立性。价值是资金运动的主体，资金的独立性意味着企业资金运动有一个完整的运动过程，可能会脱离企业物资运动而相对独立存在并运行。

在市场经济条件下，产品依然是使用价值和价值的统一体。企业再生产过程通常具有两重性，它既是使用价值的生产和交换过程，又是价值的形成和实现过程。在这个过程中，劳动者将生产中消耗掉的生产资料的价值转移到产品中，并创造出新的价值，通过实物商品的出售，使转移价值和新创造的价值得以实现。一切经过劳动加工创造出来的物质资源都具有一定的价值，它既包括物化劳动耗费的货币表现，又包括活劳动耗费的货币表现。

在再生产过程中，物质资源价值的货币表现就是资金，企业在从事生产经营活动的同时，客观上必然存在资金及其资金运动。企业的目标就是要不断创造价值。在价值创造过程中，存在两种不同性质的资金运动：一种是以实物商品为对象的实物商品资金运动。在企业的商品资金运动过程中，现金资产转化为非现金资产，非现金资产转化为现金资产，这种周而复始的流转过程无始无终、不断循环，形成实物商品的资金运动。另一种是以金融商品为对象的金融商品运动。金融商品可狭义地理解为各种能在金融市场反复买卖，并有市场价格的有价证券。企业买卖金融商品的过程是不断进行、周而复始的，形成金融商品的资金运动。在企业的实物商品与金融商品的资金运动过程中，必然体现为一种价值运动，这种价值运动称为"资金运动"。

（二）什么是企业财务管理

企业财务管理是企业组织财务活动、处理财务关系的一项经济管理工作。企业财务管理是公司管理的一个重要组成部分，是社会经济发展到一定阶段的产物。

财务按照财务活动的不同层面可以分为三大领域：①宏观领域中通过政府财政和金融市场进行的现金资源的配置。现金资源的财政配置属于财政学的范畴，现金资源的市场配置通过金融市场和金融中介来完成。②中观层面上的现金资源再配置，表现为现金资源的所有者的投资行为，属于投资学的范畴。投资学研究投资目的、投资工具、投资对象、投资策略等问题，投资机构为投资者提供投资分析、投资咨询、投资组合、代理投资等服务。③微观层面上的企业筹集、配置、运用现金资源开展营利性的经济活动，为企业创造价值并对创造的价值进行合理分配，形成企业的财务管理活动。

财务管理是基于企业生产经营过程中客观存在的财务活动和财务关系而产生的，它是利用价值形式对企业生产经营过程进行的管理，是企业组织财务活动、处理财务关系的一项综合性的经济管理工作。财务管理工作内容复杂，只要有资金运动，就必然涉及财务管理的范畴。

企业财务管理集中于企业如何才能创造并保持价值，以达到既定的经营目标。企业的财务管理人员从资本市场为企业筹集资金，并把这些资金投入企业决定经营的项目中，变成企业的实物资产。通过有效的生产和经营，企业获得净现金流入量，并把其中一部分作为投资回报分给股东和债权人，而另一部分留给企业用于再投资，同时企业还要完成为国家缴纳税款的义务。资金在金融市场和企业之间的转换和流动正是财务管理所起的作用。在高度不确定的市场环境中，财务管理已成为现代企业经营管理的核心，关系到企业生存和发展。财务管理人员只有把企业的筹资、投资和收益分配等决策做好，企业才能实现资产增值的最大化，才能有较强的生存和发展潜能。否则，企业将陷入财务困境，甚至有破产的风险。

1. 企业财务活动

企业财务活动是以现金收支为主的企业资金收支活动的总称，具体表现为企业在资金的筹集、投资及利润分配活动中引起的资金流入及流出。

①企业筹资引起的财务活动。企业从事经营活动，必须有资金。资金的取得是企业生存和发展的前提条件，也是资金运动和资本运作的起点。企业可以通过借款、发行股票等方式筹集资金，表现为企业资金的流入。企业偿还借款、支付利息、股利以及付出各种筹资费用等，则表现为企业资金的流出。这些因为资金筹集而产生的资金收支，便是由企业筹资引起的财务活动。

企业需要多少资金、资金从哪里来、以什么方式取得、资金的成本是多少、风险是否可控等一系列问题需要财务人员去解决。财务人员面对这些问题时，一方面要保证筹集的资金能满足企业经营与投资的需要；另一方面还要使筹资风险在企业的控制之中，以免企业以后由于无法偿还债务而陷入破产境地。

②企业投资引起的财务活动。企业筹集到资金后，使用这些资金以获取更多的价值增值，其活动即为投资活动，相应产生的资金收支便是由企业投资引起的财务活动。

投资活动包括对内投资及对外投资。对内投资主要是使用资金以购买原材料、机器设备、人力、知识产权等资产，自行组织经济活动方式获取经济收益。对外投资是使用资金以购买其他企业的股票、债券或与其他企业联营等方式获取经济收益。

对内投资中，公司用于添置设备、厂房、无形资产等非流动资产的对内投资由于回收期较长，又称"对内长期投资"。对内长期投资通常形成企业的生产运营环境，形成企业经营的基础。企业必须利用这些生产运营环境，进行日常生产运营，组织生产产品或提供劳务，并最终将所产产品或劳务变现方能收回投资。日常生产运营活动也是一种对内投资活动，这些投资活动主要形成了应收账款、存货等流动资产，资金回收期较短，故又被称为"对内短期投资"。

企业有哪些方案可以备选投资、投资的风险是否可接受、有限的资金如何尽可能有效地投放到最大报酬的项目上是财务人员在这类财务活动中要考虑的主要问题。财务人员面对这些问题时，一方面要注意将有限的资金尽可能加以有效使用以提高投资效益；另一方面要注意投资风险与投资收益之间的权衡。

③企业利润分配引起的财务活动。从资金的来源看，企业的资金分为权益资本和债务资本两种。企业利用这两类资金进行投资运营，实现价值增值。这个价值增值扣除债务资本的报酬即利息之后若还有盈余，即为"企业利润总额"。我国相关法律法规规定企业实现的利润应依法缴纳企业所得税，缴纳所得税后的利润为税后利润又称为"净利润"。企业税后利润还要按照法律规定按以下顺序进行分配：弥补企业以前年度亏损；提取盈余公积；提取公益金，用于支付职工福利设施的支出；向企业所有者分配利润。这些活动即为利润分配引起的财务活动。

利润分配活动中尤为重要的是向企业所有者分配利润。企业需要制定合理的利润分配政策，相关政策既要考虑所有者近期利益的要求，又要考虑企业的长远发展，留下一定的利润用作扩大再生产。

财务活动的不同方面不是相互割裂、互不相关的，而是相互联系、相互依存的。因此，合理组织这些财务活动即构成了财务管理的基本内容，即筹资管理、投资管理及利润分配管理3个方面。

2．企业财务关系

企业在组织财务活动过程中与其利益相关者之间发生的经济关系即为企业财务关系。在企业发展过程中，离不开各种利益相关者的投入或参与，比如股东、政府、债权人、雇员、消费者、供应商，甚至是社区居民。他们是企业的资源，对企业生产经营活动能产生重大影响。企业要照顾到各利益相关者的利益才能使企业生产经营进入良性循环状态。

①企业与其所有者之间的财务关系。企业的所有者是指向企业投入股权资本的单位或个人。企业的所有者必须按投资合同、协议、章程等的约定履行出资义务，及时提供企业生产经营必需的资金；企业利用所有者投入的资金组织运营，实现利润后，按出资比例或合同、章程的规定，向其所有者分配利润。企业同其所有者之间的财务关系体现着所有权的性质，反映着经营权和所有权的关系。

②企业与其债权人之间的财务关系。企业除利用所有者投入的资本金进行经营活动外，还会向债权人融入一定数量的资金以补充资本金的不足或降低企业资本成本。企业债权人是指那些对企业提供须偿还的资金的单位和个人，包括贷款债权人和商业债权人。贷款债权人是指给企业提供贷款的单位或个人；商业债权人是指以出售货物或劳务形式提供短期融资的单位或个人。企业利用债权人的资金后，对贷款债权人，要按约定还本付息；对商业债权人，要按约定时间支付本金，若约定有利息的，还应按约定支付利息。企业同其债权人之间体现的是债务与债权的关系。

③企业与其受资者之间的财务关系。企业投资除了对内投资以外，还会以购买股票或直接投资的形式向其他企业投出股权资金。企业按约定履行出资义务，不直接参与被投资企业的经营管理，但是按出资比例参与被投资企业的利润

及剩余财产的分配。被投资企业即为受资者，企业同其受资者之间的财务关系体现的是所有权与经营权的关系。

④企业与其债务人之间的财务关系。企业经营过程中，可能会有闲置资金。为有效利用资金，企业会去购买其他企业的债券或向其他企业提供借款以获取更多利息收益。另外，在激烈的市场竞争环境下，企业会采用赊销方式促进销售，形成应收账款，这实质上相当于企业借给购货企业一笔资金。这两种情况下，借出资金的企业为债权人，接受资金的企业即为债务人。企业将资金借出后，有权要求其债务人按约定的条件支付利息和归还本金。企业同其债务人的关系体现的是债权与债务关系。

⑤企业与国家之间的财务关系。国家作为社会管理者，担负着维护社会正常秩序、保卫国家安全、组织和管理社会活动等任务。国家为企业生产经营活动提供公平竞争的经营环境和公共设施等条件，为此所发生的费用须由受益企业承担。企业承担这些费用的主要形式是向国家缴纳税金。依法纳税是企业必须承担的经济责任和义务，以确保国家财政收入的实现；国家秉承"取之于民、用之于民"的原则，将所征收的税金用于社会各方面的需要。企业与税务机关之间的关系反映的是依法纳税和依法征税的义务与权利的关系。

⑥企业内部各单位之间的财务关系。企业是一个系统，各部门之间通力合作，共同为企业创造价值。因此，各部门之间关系是否协调，直接影响企业的发展和经济效益。企业目前普遍实行内部经济核算制度，划分若干责任中心，分级管理。企业为了准确核算各部门的经营业绩，合理奖惩，各部门间相互提供产品和劳务要进行内部结算，由此而产生了资金内部的收付活动。企业内部各单位之间的财务关系实质体现的是在劳动成果上的内部分配关系。

⑦企业与员工之间的财务关系。员工是企业的第一资源，员工又得依靠企业而生存，两者相互依存。正确处理好公司与员工之间的关系，对于一个公司的发展尤为重要，也是一个公司发展壮大的不竭动力。员工为企业创造价值，企业将员工创造的价值的一部分根据员工的业绩作为报酬（包括工资薪金、各种福利费用）支付给员工。企业与员工之间的财务关系实质体现的也是在劳动成果上的分配关系。

二、现代企业财务管理体制

企业财务管理体制是规范企业财务行为、协调企业同各方面财务关系，明确企业各财务层级的财务权限、责任和利益的制度。企业财务管理体制的核心问题是如何配置企业的财务管理权限，企业财务管理体制决定着企业财务管理的运行机制和实施模式。但不同的企业组织形式意味着需要选择不同的企业财务管理体制，决定着企业的财务结构、财务关系、财务风险和所采用的财务管理方式的差异。因此，企业财务管理体制必须立足于企业的组织形式。

（一）典型的企业组织形式

企业是一种以盈利为目的的经济实体。它的产生、发展和壮大，无不围绕着获取经济利益；企业又是一系列契约的集合，它受各种契约约束和规范，反映了多种相关者的利益及其均衡；企业也是一个按科层制建立起来的多层级的有序组织，它需要按一定的组织形式和制度加以制衡。典型的企业组织形式分为3种：个人独资企业、合伙企业以及公司制企业。

1. 个人独资企业

个人独资企业是由一个自然人投资，财产为投资人个人所有，投资人以其个人财产对企业债务承担无限责任的经营实体。这是最原始、最简单的企业组织，其所有者和经营者合为一体。由单个自然人独自出资、独资经营、独自享受权益、独自承担经营责任的企业，一般规模都很小，其组织结构也十分简单，几乎没有任何内部管理机构。

个人独资企业的优点主要有：①创立容易。由于企业主个人对企业的债务承担无限责任，法律对这类企业的管理就比较宽松，设立企业的条件不高，程序简单方便，不需要与他人协商并取得一致，只需要很少的注册资金等。②维持个人独资企业的固定成本较低。所有者和经营者合为一体，政府对其监管较少，对其规模也没有什么限制，企业经营方式灵活，财务决策迅速，内部协调也比较容易。③不需要缴纳企业所得税。其收益与个人所得合计缴纳个人所得税。如有亏损则从个人所得中予以扣除，法律对其约束较少。

个人独资企业的缺点主要有：①所有者必须对企业的生产经营承担全部责

任和风险。由于受到企业主数量、人员素质、资金规模的影响，独资企业抵御财务风险和经营风险的能力较弱，业主对其债务要承担无限责任，有时企业的损失会超过业主最初对企业的投资，需要用个人其他财产偿债。②企业存续期短。企业的存续年限受限于企业主的寿命，一旦企业主死亡、丧失民事行为能力或不愿意继续经营，企业的生产经营活动就只能终止。③难以从外部获得大量的资金用于经营。企业规模小，企业主个人由于财力有限，有时会受到还债能力的限制，筹资较困难，对债权人缺少吸引力，取得贷款的能力也比较差，很难投资或经营一些资金密集、适合于规模生产经营的行业。

多数个人独资企业的规模较小，抵御经济衰退和承担经营损失的能力不强，其平均存续年限较短，容易因个人寿命使企业终止。有一部分个人独资企业能够发展壮大，规模扩大后会发现其固有的缺点日益被放大，于是转变为合伙企业或公司制企业。

2. 合伙企业

合伙企业是由合伙人订立合伙协议，共同出资，合伙经营，共享收益，共担风险，并对合伙债务承担无限连带责任的营利性组织。通常合伙人是由两个或两个以上的自然人构成的，有时也包括法人和其他组织。除企业主不止一个外，合伙企业其他方面均类似于独资企业。特别是当合伙企业破产时，一个合伙人无能力偿还自身应分担的债务时，其他合伙人要负连带责任。合伙企业同样不缴纳企业所得税，而将收入分给各合伙人，由他们各自缴纳个人所得税。

合伙企业的优点主要有：①所有者和经营者合为一体，有利于提高决策和管理水平。每个合伙人既是合伙企业的所有者，又是合伙企业的经营者，这样就可以发挥每个人的专长，提高合伙企业的决策水平和管理水平。②企业筹资规模、筹资能力均较独资企业大，承担风险的能力也较强。由于可以由众多的人共同筹措资金，提高了筹资能力，扩大了企业规模，同时也由于各合伙人负责偿还债务，降低了向合伙企业提供贷款机构的风险，有利于合伙企业取得贷款。③由于承担无限责任，有助于增强合伙人的责任心。由于合伙人对合伙企业的债务承担无限连带责任，因而有利于增强合伙人的责任心，提高合伙企业的信誉。

合伙企业的缺点主要有：①合伙企业财务稳定性较差。由于合伙企业以人身相互信任为基础，按法律规定，合伙企业中任何一个合伙人发生变化，如原合伙人丧失民事行为能力、死亡、退出、新合伙人加入等，都将要改变原合伙关系，原有企业就要解体而建立新的合伙企业，故合伙企业的存续期是很不稳定的。②合伙企业投资风险很大。由于各合伙人需要对企业的债务承担无限连带责任，合伙人承担的经营风险极大，使合伙企业难以发展壮大。③合伙企业的财务管理机制很难适应快速多变的社会要求。合伙企业由于在重大财务决策问题上必须经过全体合伙人一致同意后才能执行，故其管理机制难以适应环境变化而做出快速反应。

法律规定合伙企业的每个合伙人对企业债务须承担无限连带责任。每一个合伙人都有可能因偿还企业债务而失去其原始投资以外的个人财产。如果一个合伙人没有能力偿还其应分担的债务，其他合伙人须承担连带责任，即有责任替其偿还债务。法律还规定合伙人转让其所有权时需要取得其他合伙人的同意，有时甚至还需要修改合伙协议。因此，其所有权的转让比较困难。

3．公司制企业

公司制企业是由若干个投资者出资，依法设立、独立运作的法人组织。其所有者一旦投资，资金即与其分离，而由企业的经营者统一经营管理。公司制企业可以分为无限责任公司、有限责任公司、两合公司、股份有限公司等。任何依据《公司法》登记的机构都被称为公司。各国的《公司法》差异较大，公司的具体形式并不完全相同，但它们的共同特点均是经政府注册的营利性法人组织，并且独立于所有者和经营者之外，是具有法人资格的独立经济组织。

公司制企业的主要特点有：①独立的法人实体。公司一经宣告成立，法律即赋予其独立的法人地位，具有法人资格，能够以公司的名义从事经营活动，享有权利，承担义务，从而使公司在市场上成为竞争的主体。②具有无限的存续期。股东投入的资本长期归公司支配，股东无权从公司中抽回投资，只能通过转让其拥有的股份收回投资，这种资本的长期稳定性决定了公司只要不解散或破产，就能够独立于股东而持续、无限期地存在下去，有利于企业实现战略管理。③股东承担有限责任。公司一旦出现债务责任，股东将以其出资额为限对公司的债务承担有限责任，这就为股东分散了投资风险，从而有利于吸引社会潜在的资金，扩大企业规模。④所有权和经营权分离。公司的所有权属于全体股东，经营权委托专业的经营者负责管理，管理的专门化有利于提高公司的经营能力。⑤筹资渠道多元化。股份有限公司可以通过资本市场发行股票或发行债券募集资金，有利于企业的资本扩张和规模扩大。

公司制企业的优点主要有：①无限存续。一个公司在最初的所有者和经营者退出后仍然可以存在。②容易转让所有权。公司的所有者权益被划分为若干股权份额，每个份额可以单独转让，无须经过其他股东同意。③有限债务责任。公司债务是法人的债务，不是所有者的债务，所有者的债务责任以其出资额为限。

公司制企业的缺点主要有：①双重课税。公司作为独立的法人，其利润需要缴纳企业所得税，企业利润分配给股东后，股东还须缴纳个人所得税。②组建公司的成本高。《公司法》对于建立公司的要求比建立独资或合伙企业高，并且需要提交一系列法律文件，通常花费的时间较长。公司成立后，政府对其监管比较严格，需要定期提交各种报告。③存在代理问题。经营者和所有者分开以后，经营者成为代理人，所有者成为委托人，代理人可能为自身的利益而伤害委托人利益。

实践证明，在不同企业组织形式中，一般认为公司制企业组织形式是最好的选择。主要是基于公司制企业在经营规模、筹资潜能、风险承担、公司治理以及组织机构的设置等方面有独特的优势，被公认为是一种具有良好管理和治理效能、能够规范经营者合法运作和管理的企业组织形式。公司制企业较之个人独资企业与合伙企业更容易在资本市场上筹集到资金，而有限债务责任和公司的无限存续，降低了投资者的投资风险；所有权的便于转让，又提高了投资人资产的流动性，所以，促使投资人愿意把资金投到公司制企业。

（二）企业财务管理体制的不同类型

企业财务管理体制按照涉及的范围分为宏观财务管理体制和微观财务管理体制；按权力的集中程度分为集中管理型体制和分散管理型体制；按管理内容分为资金管理、成本管理和利润管理；按企业财务管理的权限和内容分为集权型财务管理体制、分权型财务管理体制和混合型财务管理体制。

1. 集权型财务管理体制

集权型财务管理体制是指企业对各所属单位的所有财务管理决策都进行集中统一，各所属单位没有财务决策权，企业总部财务部门不但参与决策和执行决策，在特定情况下还直接参与各所属单位的执行过程。

集权型财务管理体制下企业内部的主要管理权限集中于企业总部，各所属单位主要负责执行企业总部的各项指令，是一种高度集中的财务管理体制。集权型财务管理体制是将企业的资金、成本和利润及其分配的控制权限高度集中在公司最高管理层，公司的中、下层没有任何决策、支配及控制的权力，只有有限的管理权限。

集权型财务管理体制的主要优点在于：①可充分展现企业内部一体化的管理优势。企业内部的各项决策均是由企业总部制定和部署，利用企业的人才、智力、信息资源，努力降低资金成本和风险损失，使决策的统一化、制度化得到有力保障。②有利于企业内部资源的合理配置。在整个企业内部优化配置资源，有利于实行内部调控价格，有利于内部采取合理避税措施及防范汇率风险等。

集权型财务管理体制的主要缺点在于：集权过度会使各所属单位缺乏主动性、积极性，丧失活力，也可能因为决策程序相对复杂而失去适应市场的弹性，进而丧失市场机会。

2. 分权型财务管理体制

分权型财务管理体制是指企业将财务决策权与管理权完全下放到各所属单位，各所属单位只需对一些决策结果报请企业总部备案即可。分权型财务管理体制下企业内部的管理权限分散于各所属单位，各所属单位在人、财、物、供、产、销等方面有决定权，这是一种完全分权式的财务管理体制。

分权型财务管理体制的主要优点在于：①有利于调动企业内部各级管理者和责任单位的积极性。把企业内部各部门、各单位的资金、成本同其他工作业绩直接挂钩，便于实现责、权、利的统一，充分发挥各基层单位管理人员与财务人员的特质，以促进其快速成长。②有利于分散企业的经营风险。由于各所属单位负责人有权对影响经营成果的因素进行控制，加之身在基层了解情况，有利于针对本单位存在的问题及时做出有效决策，因地制宜地搞好各项业务。

分权型财务管理体制的主要缺点在于：对涉及全局的重大决策难以协调。各所属单位大都是从本单位利益出发安排财务活动，缺乏全局观念和整体意识，不利于企业统一处理对外关系和统一研究战略规划。还可能导致企业资金管理分散、资金成本增大、费用失控、利润分配无序。

3. 混合型财务管理体制

混合型财务管理体制又称为"集权与分权相结合型财务管理体制"，其实质就是集权下的分权，企业对各所属单位在所有重大问题的决策与处理上实行高度集权。各所属单位则对日常经营活动具有较大的自主权。

集权与分权相结合型财务管理体制是以企业发展战略和经营目标为核心，将企业内部重大决策集中于企业总部，而赋予各所属单位自主经营权。集权与分权相结合型财务管理体制主要特点在于：①在制度上，企业内部应制定统一的内部管理制度，明确财务权限及收益分配方法，各所属单位应遵照执行，并根据自身的特点加以补充；②在管理上，利用企业的各项优势，对部分权限集中管理；③在经营上，充分调动各所属单位生产经营的积极性。各所属单位围绕企业发展战略和经营目标，在遵守企业统一制度的前提下，可自主制定生产经营的各项决策。为避免配合失误，要明确责任，凡需要由企业总部决定的事项，在规定的时间内，企业总部应明确答复；否则，各所属单位有权自行处置。基于以上特点，集权与分权相结合的财务管理体制，吸收了集权型与分权型财务管理体制的各自优点，避免了两者的各自缺点，从而具有较大的优越性。

（三）企业财务管理体制的基本原则

一个企业如何选择适应自身需要的财务管理体制，如何在不同的发展阶段更新财务管理模式，在企业管理中占有重要地位。财务管理体制的设定或变更应遵循以下四项原则。

1. 应与现代企业制度的要求相适应

现代企业制度是一种产权制度，它是以产权为依托，对各种经济主体在产权关系中的权利、责任、义务进行合理有效的组织、调节的制度安排，它具有"产权清晰、责任明确、政企分开、管理科学"的特征。

企业内部相互间关系的处理应以产权制度安排为基本依据。企业作为各所属单位的股东，根据产权关系享有作为终极股东的基本权利，特别是对所属单位资产的受益权、管理者的选择权、重大事项的决策权等。

但是，企业各所属单位往往不是企业的分支机构或分公司，其经营权是其行使民事责任的基本保障，企业以自己的经营与资产对其盈亏负责。企业与各所属单位之间的产权关系确认了两个不同主体的存在，这是现代企业制度特别是现代企业产权制度的根本要求。按现代企业制度的要求，企业的财务管理体制必须以产权管理为核心，以财务管理为主线，以财务制度为依据，体现现代企业制度特别是现代企业产权制度管理的思想。

2. 明确企业对各所属单位管理中的决策权、执行权与监督权三权分立

现代企业要做到管理科学，必须要求决策与管理程序上做到科学、民主，因此，决策权、执行权与监督权三权分立的制度必不可少。这一管理原则的作用就在于加强决策的科学性与民主性，强化决策执行的刚性和可考核性，强化监管的独立性和公正性，从而形成良性循环。

3. 明确财务综合管理和分层管理思想

现代企业制度要求管理是一种综合性管理、战略管理，因此，企业财务管理并不是企业总部财务部门单一职能部门的财务管理，当然也不是各所属单位财务部门的财务管理，它是一种战略管理。这种管理要求：①从企业整体角度对企业的财务战略进行定位；②对企业的财务管理行为进行统一规范，做到高层的决策结果能被低层战略经营单位完全执行；③以制度管理代替个人的行为管理，从而保证企业管理的连续性；④以现代企业财务分层管理思想指导具体的管理实践。

4. 应与企业组织体制相对应

企业组织体制大体上有 U 型组织、H 型组织和 M 型组织 3 种形式。

U 型组织仅存在于产品简单、规模较小的企业，实行管理层级的集中控制。

H 型组织实质上是企业集团的组织形式，子公司具有法人资格，分公司则是相对独立的利润中心。

M 型组织结构由 3 个相互关联的层级组成：第一个层级是董事会和经理班子组成的总部，它是企业的最高决策层，主要职能是战略规划和关系协调；第二个层级是由职能和支持、服务部门组成的，其中计划部是公司战略规划和执行部门，财务是由决策层控制的，负责整个企业的资金筹措、运作和税务安排；第三个层级是围绕企业的主导或核心业务，相互依存又相互独立的各所属单位，每个所属单位又是一个 U 型结构。可见，M 型结构集权程度较高，突出整体化，具有较强的战略研究、实施功能和内部关系协调能力，是目前国际大型企业管理体制的主流形式。M 型的具体形式有事业部、矩阵制、多维结构等。

（四）企业财务管理体制的选择

企业财务管理体制的选择既要考虑企业的规模、经营特点等因素，也要和企业的组织形式相结合，而企业的财务特征决定了分权的必然性，但企业的规模效应、风险防范又要求集权，集权和分权各有特点，各有利弊，要根据具体情况确定。对集权与分权的选择、分权程度的把握历来是企业管理的一个难点。

从聚合资源优势，贯彻实施企业发展战略和经营目标的角度，集权型财务管理体制显然是最具有保障力的。但如果企业意欲采用集权型财务管理体制，除了企业管理高层必须具备高度的素质和能力外，在企业内部还必须有一个能及时、准确地传递信息的网络系统，并通过信息传递过程的严格控制来保障信息的质量，具备上述要求，即为集权型财务管理体制优势的充分发挥提供了可能。

但是信息传递及过程控制有关成本问题也会随之产生。此外，随着集权程度的提高，集权型财务管理体制的复合优势可能会不断强化，而各所属单位或组织机构的积极性、创造性与应变能力却可能在不断减弱。

分权型财务管理体制实质上是把决策管理权不同程度地下放到比较接近信息源的各所属单位或组织机构，这样便可以在相当程度上缩短信息传递的时间，减少信息传递过程中的控制问题，从而使信息传递与过程控制等的相关成本得以节约，并能大大提高信息的决策价值与利用效率。但随着权力的分散，就会产生企业管理目标换位问题，这是采用分权型财务管理体制通常无法完全避免的成本或代价。

集权型或分权型财务管理体制的选择，本质上体现了企业的管理政策，是企业基于环境约束与发展战略考虑顺势而定的权变性政策。依托环境预期与战略发展规划，要求企业总部必须根据企业的不同类型、发展的不同阶段，以及不同阶段的战略目标取向等因素，对不同财务管理体制及其权利的层次结构做出相应的选择与安排。财务决策权的集中与分散没有固定的模式，同时选择权也不是一成不变的。财务管理体制的集权与分权，需要考虑企业与各所属单位之间的资本关系和业务关系的具体特征，集权与分权的"成本"和"利益"的差异，以及环境、规模和管理者的管理水平。

一般来说，独资、合伙企业，其经营者即为所有者，管理模式无疑都要选择高度集权型财务管理体制；公司制企业要根据企业的规模、经营特点和市场环境，结合企业的组织形式和经营方式，有针对性地选择集权型、分权型和混合型财务管理体制。典型的公司制企业——股份制有限公司，对财务管理体制的选择应关注以下几个方面：①强调财务管理独立职能的强化，实行财务、会计机构的分设；②选择企业管理层级相适应的财务管理体制，正确界定财务管理的分级权限；③建立健全内部各层级财务管理制度，使财务管理工作有章可循；④建立良好的财务调控机制和激励、约束机制，保证财务管理目标的顺利实现。

（五）我国常用财务管理体制的内容

我国企业一般采用集权与分权相结合型财务管理体制，其核心内容是企业总部应做到制度统一、资金集中、信息集成和人员委派。具体内容是应集中制度制定权，集中筹资、融资权，集中投资权，集中用资、担保权，集中固定资产购置权，集中财务机构设置权，集中收益分配权；分散经营自主权、人员管理权、业务定价权、费用开支审批权。

1. 集中制度制定权

企业总部根据国家法律、法规和《企业会计准则》《企业财务通则》的要求，结合企业自身的实际情况和发展战略、管理需要，制定统一的财务管理制度，在企业范围内统一实行。各所属单位只有制度执行权，而无制度制定和解释权。单个所属单位可以根据自身需要制定实施细则和补充规定。

2. 集中筹资、融资权

资金筹集是企业资金运动的起点，为使企业内部筹资风险最小，筹资成本最低，应由企业总部统一筹集资金，各所属单位有偿使用。如需银行贷款，可由企业总部办理贷款总额，各所属单位分别办理贷款手续，按规定自行付息；如需发行短期商业票据，企业总部应充分考虑企业资金占用情况，并注意存款项到期日，不要因为票据到期不能兑现而影响企业信誉；如需利用海外兵团筹集外资，应统一由企业总部根据国家现行政策办理相关手续，并严格审核贷款合同条款，注意汇率及利率变动因素，防止出现损失。

企业总部对各所属单位追踪审查现金使用情况，具体做法是各所属单位按规定时间向企业总部上报"现金流量表"，动态地描述各所属单位现金增减状况和分析各所属单位资金存量是否合理。如有部分所属单位资金存量过多、运用不畅，而其他所属单位又急需资金时，企业总部可调动资金，并应支付利息。企业内部应严禁各所属单位之间放贷，如需临时拆借资金，超出规定金额，应报企业总部批准。

3. 集中投资权

企业对外投资必须遵守的原则为效益性、分散风险性、安全性、整体性及合理性。无论企业总部还是各所属单位的对外投资都必须经过立项、可行性研究、论证、决策的过程，其间除专业人员外，必须有财务人员参加。财务人员应会同有关专业人员，通过仔细调查了解，开展可行性分析，预测今后若干年内市场变化趋势及可能发生风险的概率、投资该项目的建设期、投资回收期、投资回报率等，写出财务报告，报送领导参考。

为保证投资效益实现，分散及减少投资风险，企业对外投资可实行限额管理，超过限额的投资其决策权属于企业总部。被投资项目一经批准确立，财务部门应协助有关部门对项目进行跟踪管理，若发现与可行性报告有偏差，应及时报有关部门予以纠正。对投资效益不能达到预期目的的项目应及时清理解决，并应追究有关人员的责任。同时应完善投资管理，企业可根据自身特点建立一套具有可操作性的财务考核指标体系，规避财务风险。

4. 集中用资、担保权

企业总部应加强资金使用安全性的管理，对大额资金拨付要严格监督，建立审批手续，并严格执行。各所属单位财务状况的好坏关系到企业所投资本的保值和增值问题，同时各所属单位因资金受阻导致获利能力下降，会降低企业的投资回报率。因此，各所属单位用于经营项目的资金，要按照经营规划范围使用，用于资本项目上的资金支付，应履行企业规定的报批手续。企业内部对外担保权应归企业总部管理，未经批准，各所属单位不得为外单位提供担保，企业内部各所属单位相互担保应经企业总部同意。企业总部为各所属单位提供担保应制定相应的审批程序，可由各所属单位与银行签订贷款协议，企业总部为各所属单位做贷款担保，同时要求各所属单位向企业总部提供"反担保"，保证资金的使用合理及按时归还，使贷款得到监控。

5. 集中固定资产购置权

各所属单位需要购置固定资产必须说明理由，提出申请报企业总部审批，经批准后方可购置。各所属单位资金不得自行用于资本性支出。

6. 集中财务机构设置权

各所属单位财务机构设置必须报企业总部批准，财务人员由企业总部统一招聘，财务负责人或财务主管人员由企业总部统一委派。

7. 集中收益分配权

企业内部应统一收益分配制度，各所属单位应客观、真实、及时地反映其财务状况及经营成果。各所属单位收益的分配，属于法律、法规明确规定的按规定分配，剩余部分由企业总部本着长远利益与现实利益相结合的原则，确定分流比例。各所属单位留存的收益原则上可自行分配，但应报企业总部备案。

8. 分散经营自主权

各所属单位负责人主持本企业的生产经营管理工作，组织实施年度经营管理工作和年度经营计划，决定生产和销售，研究和考虑市场周围的环境，了解和注意同行业的经营情况和战略措施，按规定时间向企业总部汇报生产管理工作情况。对突发的重大事件，要及时向企业总部汇报。

9．分散人员管理权

各所属单位负责人有权任免下属管理人员，有权决定员工的聘用与辞退，企业总部原则上不应干预，但其财务主管人员的任免应报经企业总部批准或由企业总部统一委派。一般财务人员必须获得上岗证，才能从事财会工作。

10．分散业务定价权

各所属单位所经营的业务均不相同，因此，业务的定价应由各所属单位经营部门自行拟定，但必须遵守加速资金周转，保证经营质量，提高经济效益的原则。

11．分散业务开支审批权

各所属单位在经营中必然要产生各种费用，企业总部没必要进行集中管理，各所属单位在遵循财务制度的前提下，由其负责人批准各种合理的用于企业经营管理的费用开支。

第二节　现代企业财务管理的目标

目标是系统运行所希望实现的结果，其具有导向、激励、凝聚及考核作用，正确的目标是系统良性循环的前提。企业财务管理目标对企业财务管理系统的运行也具有同样的意义，是评价企业理财活动是否合理的基本标准，是财务管理实践中进行财务决策的出发点以及归宿。目标就是导向和标准。任何一种组织的存在都有其目的性，企业依法从事生产经营活动，必然有自身的经营目标和发展方向，企业的目标就是创造价值。

企业财务管理的目标就是为企业创造价值服务，即在特定的理财环境中，通过组织财务活动，处理财务关系所要达到的目的。企业财务管理目标是评价企业理财活动是否合理有效的基本标准，是企业财务管理工作的行为导向，是财务人员工作实践的出发点和归宿。

从根本上说，财务管理的目标取决于企业的目标，所以，财务管理的目标和企业的目标是一致的。企业的目标可概括为生存、发展和获利。不同的企业目标对企业财务管理的要求也不同。生存目标对企业财务管理的要求是，力求保持以收抵支和偿还到期债务的能力，减少破产的风险，使企业能够长期、稳定地生存下去；发展目标对企业财务管理的要求是，筹集企业发展所需要的资金；获利目标对企业财务管理的要求是，对企业正常经营产生的和从外部获得的资金进行有效的利用。

随着财务经济学的发展和企业管理实践的变革，企业财务管理的目标也在不断演化，经历了从利润最大化、每股盈余最大化、股东财富最大化再到企业价值最大化的演变过程。近年来，理论界又提出了相关利益者最大化的观点。

财务目标具有层次性，其可以按一定标准划分为整体财务目标、分步财务目标及具体财务目标三类不同的层次。

整体财务目标又称"总财务目标"，是一段时期内公司全部财务管理活动应实现的根本目标。整体财务目标比较笼统，必须将其进行逐步、分层分解，制定更为细致、可操作的目标。将各层次目标分解至不可或无须再分解程度的目标即为具体目标，即各部门可立即付诸行动而实现的目标。整体目标与具体目标之间的分层次目标则被称为分步目标。整体目标处于支配地位，决定分步目标及具体目标；整体目标的实现又有赖于分步目标及具体目标的科学实施与整合。

受社会政治环境、经济环境的影响，财务目标具有阶段性的特点：不同时期、不同财务环境下，财务目标是不一样的；即使是在同一时期，不同企业由于所面临的具体经营环境不同，财务目标也不尽相同。

财务目标还具有稳定性的特点。若财务目标朝令夕改，会令企业管理人员无所适从，也就没有目标可谈了。因此，财务目标应是阶段性与稳定性的统一，即一个企业一旦确立了某一个财务目标，这一财务目标在一段时间内将会保持稳定不变。

一、现代企业财务管理整体目标

不同时期、不同政治经济环境下有不同形式的财务管理整体目标。从1949年中华人民共和国成立至今，随着经济的发展、经济环境的变革，我国先后出现了四种形式的财务管理整体目标。

（一）产值最大化整体目标

产值是指生产出的产品的价值。产值最大化目标是指企业以一段时期内生产的产品价值为考核目标。企业领导人职位的升迁，职工个人利益的多少，均由完成的产值计划指标的程度来决定。

产值最大化是中国、苏联以及东欧各个社会主义国家在计划经济体制下产生的。1949 年中华人民共和国成立伊始，经济极为困难，物质资料极其匮乏，当时最迫切的任务是尽可能多地生产出人们所需要的物品。在当时条件下，这一整体目标对尽快恢复生产、恢复经济、发展经济、满足人民基本生活需求具有非常重大的意义。

但是，随着经济的发展，计划经济体制逐渐对经济发展产生了极大的束缚，总产值最大化也越来越暴露其自身的特点：只求数量，不求质量；只讲产值，不讲效益。一方面，之前由于物资缺乏，人们对产品的质量及个性化设计的要求并不高，企业的产品只要能生产出来，就能销售出去，从而造成了企业对产品质量及品种的多样性方面重视不足；另一方面，因为产值最大化并不考核成本，管理层只要能增加总产值，而不管产品能否适销对路，也不管是否能以高于产品成本的价值销售出去，获得真正的价值增值。

随着技术、经济的不断发展，越来越多的产品出现了剩余，人们开始注重产品的质量及个性化的特点。显然，若仍以产值最大化为整体目标已不再适合，否则其结果是导致产品销售不出去，积压在仓库中，最后贬值甚至全部报废。为克服产值最大化目标存在的缺陷，利润最大化目标被提了出来。

（二）利润最大化整体目标

利润最大化目标是指企业以一段时期内实现的会计利润为考核目标。企业领导人职位的升迁，职工个人利益的多少，均根据实现的会计利润的多少来决定。利润是一定时期收入扣除成本后的余额，代表了这段时期企业新创造的价值增值，利润越多则企业的财富增加得越多。企业生产出来的产品只有被销售出去才能确认收入，并且要以高于成本的价格销售出去，才能获取正的利润。

利润最大化的观点认为：利润代表企业新创造的财富，利润越多则企业财富增加越多，越接近企业的目标。利润最大化曾经被认为是企业财务管理的正确目标。企业追求利润最大化，就必须不断加强管理、降低成本，提高劳动生产效率、提高资源利用率。

在市场竞争日益激烈的情况下，只有质量好，满足消费者个性化需求的产品才能畅销。因此，利润最大化目标可以克服上述讨论的产值最大化目标导致的缺陷。利润最大化目标早在 19 世纪初就被西方企业广泛运用。我国自 1978 年经济体制改革以后，市场经济模式逐渐确立，企业面向市场自主经营、自负盈亏，利润最大化目标替代了产值最大化目标并被我国企业广为采用。

利润最大化目标的主要优点：①反映了企业的本质的动机，为企业的经营管理提供动力。企业是以盈利为目的的经济组织，利润最大化符合企业管理的根本要求，是满足企业主投资收益的基本来源，也是企业资本积累的基本来源。②可以直接反映企业创造剩余产品的多少。从一定程度上反映出企业经济效益的高低和对社会的贡献大小。③简单、直观，容易理解和计算。经营收入减去经营成本就是利润，能反映当期企业的经营业绩，便于衡量和考核企业绩效，容易被企业管理者和职工所接受。

利润最大化目标并非没有缺点，随着经济环境的不断变化，其缺点也逐渐显现。缺点有：

①没有考虑资金的时间价值。利润最大化忽略了所获利润的时间差异。会计利润是按照权责发生制原则进行核算的，会计利润中含有未达账项，通常会计利润与实际收到现金的利润是不相等的，则据此目标，有可能会导致错误的决策。

例如：A、B 两个投资项目，投资成本均为 800 万元，收入均为 900 万元，其会计利润都是 100 万元；但在一段时间内 A 项目的所有收入均已收回，而 B 项目的收入尚有 500 万元未收回。若按利润最大化目标来评价这两个项目，应是两个方案都可行。可是此例中，显然 A 项目更好一些。

②没有有效考虑风险问题。利润最大化目标容易引导管理层选择投资项目时尽可能选择利润高的项目。利润最大化忽略了不同行业、不同方案之间的风险差异，相同利润在不同行业中的意义也不相同，没有考虑所获利润和所应承担风险的关系，可能导致有关人员不顾风险的大小而去追求更多利润。高风险往往伴

随着高利润，管理层决策时若不考虑风险一味追求高利润，会将企业带上"不归路"。

③可能导致管理层的短期行为。影响利润的因素主要有收入与成本两大类因素。若收入没有增加，成本降低也可增加利润。如果片面强调增加利润，有可能诱使企业产生追求利润的短期行为，而忽略企业的长远发展。因此，有些企业在未能有效"开源"的情况下，会采取一些短期行为，如减少产品开发、人员培训、设备更新方面的支出来提高当期的利润以完成任务。

更有甚者，有些管理层有可能人为调节利润，使企业表面利润增加，实际企业财富并未增加，反而会因兑现虚假绩效而降低。这显然对企业的长期发展极为不利。为克服利润最大化目标存在的缺陷，股东财富最大化目标、企业价值最大化目标相继被提出。

（三）股东财富最大化整体目标

企业主要是由股东出资形成的，股东是企业的所有者。股东财富即企业的所有者拥有企业的资产的价值。在股份制公司中，股东的财富就由其所拥有股票的数量和每股股票的市场价格来决定。当股票数量一定时，股票价格达到最高，就能使股东财富价值达到最大。

股东财富最大化又称为"股东价值最大化"，或"企业所有者权益价值最大化"。股东财富最大化的观点认为：增加股东财富是财务管理的目标。股东财富不是股东在企业中所拥有的净资产账面数额，而是资本市场上的市场价值，即用股东权益的市场价值来衡量股东财富。股东财富的增加可以用股东权益的市场价值与股东投入资本的差额来衡量，被称为"权益的市场增加值"。权益的市场增加值是企业为股东创造的价值。在股份制经济条件下，股东财富可以利用股票市场价值总额来代表。股东的财富由其所拥有的股票数量和股票市场价格两方面来决定，在股票数量既定时，股票财富最大化直接表现为股票价格最大化，当股票价格达到最高点时，股东财富也达到最大。因此，股东财富最大化也称为股票价值最大化。股东财富最大化目标是指企业以一段时期后的股票价格为考核目标。企业领导人职位的升迁，职工个人利益的多少，均根据股票价格的高低来决定。

股东财富最大化目标与利润最大化目标相比，具有以下优点：

①一定程度上考虑了资金的时间价值。股东财富最大化考虑了取得报酬的时间性，区分了不同时期的报酬，应运用货币时间价值的原理计算股东价值。这一优点可以从股票定价原理角度来分析。股票的内在价值应等于该股票持有者在公司经营期内预期能得到的股息收入按一定折现率计算的现值。影响股票价格的因素包括现金股利、折现率、当时市场信息等。现金股利及折现率因素体现了股票价格的确定须考虑资金时间价值的影响。

②一定程度上考虑了风险因素。市场对股票价值的评价，包含着市场投资主体对该股票未来创造价值的共同努力，反映了未来获取资本所包含的风险。股东可以从市场信息中判断企业经营中可能存在的风险，继而将风险体现在对股票的定价上。若企业经营风险较大，则股票价格会下降，反之，则股票价格会上升。管理层若要股票价格最大化，则必须在风险与报酬间寻找一个平衡点。

③一定程度上能够克服管理者追求利润上的短期行为。由于股票理论价格包含投资者对未来获利的预期，在股东财富最大化目标下，不仅目前的利润会影响股东财富，未来盈利能力也会对股东财富产生巨大的影响。股价是未来各期收益的综合体现，每期的现金股利是根据其所属期的利润来确定的，无论是现在的利润还是预期的利润都会对企业的股票价格产生影响，则短期增加利润的行为对于实现股东财富最大化目标来说没有效果。

④考虑了投入与产出间的关系。股票市场价格受预期每股收益的影响，将利润与投入的资金相联系，反映了资本的获利能力，并通过资本市场把这种获利能力与社会资本比较。

但是股东财富最大化也存在一些缺陷，主要有以下几点：

①忽视了除股东以外的其他利益相关者的利益。企业的利益相关者不仅是股东，还包括债权人、员工、政府、社会公众等。该目标过度强调了股东的利益，而对企业其他利益关系人的重视不够，管理人员利用财务杠杆来增加股东财富，可能会出现过度举债的情况，这必然会增加企业财务风险，甚至导致破产。

所有的利益相关者都有可能对企业财务管理产生影响。股东通过股东大会或董事会参与企业经营决策，董事会直接任免企业经理甚至财务经理；债权人要求企业保持良好的资金结构和适当的偿债能力，以及按合约规定的用途使用资金；员工是企业财富的创造者，提供人力资本必然要求合理的报酬；政府为企业提供了公共服务，也要通过税收分享收益。

正是各利益相关者的共同参与，构成了企业利益制衡机制。如果试图通过损害一方利益而使另一方获利，结果就会导致矛盾冲突，出现诸如股东抛售股票、债权人拒绝贷款、员工怠工、政府罚款等不利现象，从而影响企业的可持续发展。而股东财富最大化目标可能会诱导管理层仅考虑管理层自己及股东的利益，有时甚至还会损害除股东以外的其他利益相关者的利益。

②股票财富指标自身存在一定的缺陷。不可控因素引入理财目标是不合理的。股票价格受多种因素影响，不仅包括公司的业绩，还包括外部社会政治、经济和环境等因素，这些并非公司所能控制的。股票财富最大化是以股票价格为指标，而事实上影响股票价格的因素很多，并不都是企业管理层能够控制和影响的。把受不可控因素影响的股票价格作为企业财务管理目标显然不尽合理。也有些学者提出：对非上市企业来说，股票价格较难确定，因此股东财富最大化仅对股票上市的企业适用。

（四）企业价值最大化整体目标

企业价值是指企业全部资产的市场价值，即公司资产未来预期现金流量的现值。企业价值不同于利润，它不仅包括企业新创造的价值，还包括企业潜在的预期的获利能力。企业价值最大化又称为公司价值最大化，是股东财富最大化的进一步演化。企业价值最大化的观点要求：企业通过合理的经营采用最优的财务政策，充分考虑资金的时间价值和风险与报酬的关系，在保证企业长期稳定发展的基础上不断增加企业财富，使企业总价值达到最大。

企业价值最大化与股东财富最大化基本上是类似的：它们都反映了投资者对企业的未来预期；它们都以资产价值作为判断企业价值的依据；它们都以资产的市场价值而不是账面价值作为判断标准；它们都面临着缺乏公平、合理、有效的资本市场和资产产权评估市场，使企业资产的市场价值难以获得。

企业价值最大化与股东财富最大化两者的不同是：股东财富最大化考虑的是企业净资产的市场价值，只考虑股东的利益；企业价值最大化考虑的是企业总资产的市场价值，兼顾了股东和债权人的利益。在一定条件下，债权人与股东之间没有利益冲突时，企业价值最大化目标模式的性质和特征与股东财富最大化基本上是相同的，一般将企业价值最大化与股东财富最大化的理财目标等同起来。企业价值最大化目标与利润有密切的关系，同时综合了利润、货币时间价值、风险、债务比例、利率、税率以及时间跨度等多种因素来衡量企业的价值，反映了企业整体和长期的发展。

为克服股东财富最大化目标存在的缺陷，企业价值最大化目标应运而生。对企业价值的评价不仅评价企业已经获得的利润水平，更重要的是评价企业获得未来现金流入的能力和水平。因此，企业价值是能反映企业潜在或预期获利能力的企业全部资产的市场价值。企业的价值与预期的报酬成正比，但与风险成反比。

此外，在寻求企业价值最大化的过程中，必须考虑和兼顾相关利益者之间的利益，并使之达到平衡，否则将不利于公司财务关系的协调，进而影响企业价值最大化的实现。

企业价值最大化目标的主要优点：①考虑了取得报酬的时间，并用时间价值原理进行了计量；②充分考虑了风险和报酬的联系；③能克服企业追求利润上的短期行为，不仅目前的利润会影响企业的价值，而且预期未来的利润对企业价值的影响所起的作用更大；④有利于社会资源的合理配置。社会资源都是企业价值最大化的企业流动，有利于实现社会效益的最大化。

企业价值最大化目标的主要缺点：①股票价格受多种因素影响具有很大的不确定性。对于股票上市的企业，虽然可以通过股票价格的变动揭示企业的价值，但股票价格受多种因素的影响，特别在资本市场效率低下的即期市场，股价不一定能揭示企业的获利能力，只有长期趋势才能较真实地反映企业的价值。②实际应用比较困难。对于非上市公司来讲，只有对企业进行专门的评估才能真正确定它的价值，而在评估企业的资产时，由于受评估标准和评估方式的影响，企业未来报酬和与企业风险相适应的折现率很难做到客观和准确。

企业价值最大化目标除了具备股东财富最大化目标所具有的优点外，还兼顾了股东以外的利益相关者的利益的优点；但在计量上尤其是非上市公司企业价值的计量上仍存在一定的缺陷。企业在确立财务整体目标时必须注意目标的唯一性，即上述目标均可作为企业的整体目标，但只能取其一，否则会因找不清方向而造成企业管理混乱。

（五）每股盈余最大化

每股盈余又称为每股收益，是税后净利润与普通股股数的比率。所有者或股东是企业的出资者，他们投资的目的是取得投资收益，表现为税后净利与出资额或与股份数（普通股）的比率。每股收益是指归属于普通股股东的净利润与发行在外的普通股股数的比值，它的大小反映了投资者投入资本获得回报的能力。每股盈余最大化的观点认为：将企业实现的利润与企业所有者投入资本额或股本数进行对比，用每股收益（或权益资本净利率）来概括企业的财务目标。

每股盈余最大化目标的主要优点有：①克服了利润最大化目标不考虑资本投入的缺点，反映了利润与投入资本之间的关系；②有利于与其他不同资本规模企业或同企业不同时期的比较。每股盈余最大化目标的主要缺点：①没有考虑资金时间价值；②没有考虑每股收益的风险因素；③不能避免企业的短期行为，可能会导致与企业的战略目标相背离。

就我国国情来看，上述财务目标中，产值最大化目标已经过时，当前已没有任何企业再以此为整体财务目标了。利润最大化、股东财富最大化及企业价值最大化目标仍不同程度地被企业采用。利润最大化目标目前主要为非股份制企业及非上市股份制企业所采用；股东财富最大化目标目前主要为股份制企业尤其是股份制上市企业所采用；企业价值最大化目标由于其相对其他目标来说更为理想化，目前为少数有社会责任意识的股份制企业所采用。

（六）相关者利益最大化

20世纪80年代兴起的相关利益者理论对股东价值最大化的传统观点提出挑战。相关利益者理论从"企业是一组契约的联结点"的角度出发，认为企业是所有相关利益者之间的一系列多边契约。这些相关利益者主要包括：股东、债权人、员工、企业经营者、客户、供应商和政府等。股东作为企业的所有者，在企业中承担最大的权利、义务、风险和报酬，但是其他相关利益者也为企业承担债务风险。例如，随着举债经营的企业越来越多，举债比例和规模也不断扩大，使得债权人的风险大大增加；在社会分工细化的今天，由于简单劳动越来越少，复杂劳动越来越多，使得职工的再就业风险不断增加；在现代企业制度下企业经理人受所有者委托，作为代理人管理和经营企业，在激烈的市场竞争和复杂多变的形势下，代理人所承担的责任越来越大，风险也随之加大；随着市场竞争和经济全球化的影响，企业与客户以及企业与供应商之间不再是简单的买卖关系，更多的情况下是长期的伙伴关系，处于一条供应链上，并共同参与同其他供应链的竞争，因而也与企业共同承担一部分风险；政府不管是作为出资人，还是作为监管机构，都与企业各方的利益密切相关。

相关利益者理论认为，企业应该以所有相关利益者的利益最大化为目标。企业的管理者是对企业的全部相关利益者而不是个别成员负有责任，管理者是一个组织而不只是股东的代言人。因此，在确定企业财务管理目标时，不能忽视这些相关利益群体的利益。

相关者利益最大化目标的具体内容包括：①强调风险与报酬的均衡，将风险限制在企业可以承受的范围内；②强调股东的首要地位，并强调企业与股东之间的协调关系；③强调对代理人即企业经营者的监督和控制，建立有效的激励机制以便企业战略目标的顺利实施；④关心本企业普通职工的利益，创造优美和谐的工作环境和提供合理恰当的福利待遇，培养职工长期努力为企业工作；⑤不断加强与债权人的关系，培养可靠的资金供应者；⑥关心客户的长期利益，以便保持销售收入的长期稳定增长；⑦加强与供应商的协作，共同面对市场竞争，并注重企业形象的宣传，遵守承诺，讲究信誉；⑧保持与政府部门的良好关系。

相关者利益最大化目标的优点：①有利于企业长期稳定发展。这一目标注重企业在发展过程中考虑并满足各利益相关者的利益关系。在追求长期稳定发展的过程中，站在企业的角度上进行投资研究，避免只站在股东的角度进行投资可能导致的一系列问题。②体现了合作共赢的价值理念，有利于实现企业经济效益和社会效益的统一。由于兼顾了企业、股东、政府、客户等利益，企业就不仅是一个单纯牟利的组织，还承担了一定的社会责任。企业在寻求其自身的发展和利益最大化过程中，由于客户及其他利益相关者的利益，就会依法经营、依法管理，正确处理好各种财务关系，自觉维护和切实保障国家、集体和社会公众的合法权益。③较好地兼顾了各利益主体的利益。这一目标本身是一个多元化、多层次的目标体系，这一目标可使企业各利益主体相互作用、相互协调，并在使企业利益、股东的利益达到最大化的同时，也使其他利益相关者利益达到最大化。④体现了前瞻性和现实性的统一。企业作为利益相关者之一，有一套评价指标，如未来企业报酬贴现率。股东的评价指标可以使用股票市价，债权人可以寻求风险小、利息最大，工人可以确保工资福利，政府可以考虑社会效益等。不同的利益相关者有各自的指标，只要合理合法、互利互惠、相互协调，就可以实现所有相关者利益最大化。

相关者利益最大化目标的缺点：①采用多重价值最大化目标无法给企业管理者提供一个明确的目标函数，可能导致管理的混乱和无效率；②即使认可相关利益者的利益，也难以在多重相关利益者的利益之间，有时甚至是相互冲突的利益之间进行选择；③相关者利益最大化目标不能对管理者进行根本性的评价，反而会让管理者无法尽到他们对社会所应承担的责任。

二、现代财务管理目标相关的冲突

企业众多的利益相关者的利益不可能完全一致，企业的财务目标不可能让所有的利益相关者绝对满意，从而使得某些利益相关者之间产生一定的利益冲突。这些利益冲突是否能被有效协调直接关系到财务目标的实现程度。若想有效协调这些利益冲突，则必须了解这些利益冲突及产生的根源。

（一）股东与管理层的利益冲突

并不是所有的股东都懂经营，而资本只有运动起来才可能增值，现代公司制企业强调企业所有权与经营权分离，为那些不懂经营却想为自己掌握的资本寻找增值机会的人以及懂经营却没有资本的人（职业经理人）提供了一个合作的契机，实现资源、人力的最优化配置。股东聘用职业经理人来帮他们管理企业，这些职业经理人被称为管理层。部分管理层追求个人收入最大化，社会地位、声誉的提高，权力的扩大及舒适的工作条件；但股东则追求公司利润和股东权益最大化。

由于信息的不对称，当管理层期望的回报得不到满足时，则有可能会通过消极怠工、在职消费、利用企业资源牟取私利等手段寻求心理平衡，最终股东的利益亦将受到伤害，由此便产生了股东与管理层之间的利益冲突。

（二）大股东与中小股东的利益冲突

企业的股东众多，若每个股东希望自己的意愿在企业得以实现，则企业的运作秩序将会陷于混乱。因此，股东们需要遵循一定的股东会表决制度将意愿合法地表示出来。当前股东会有"资本多数决"及"多重表决"两种制度。资本多数决制度是指在股东大会上或者股东会上，股东按照其所持股份或者出资比例对企业重大事项行使表决权，经代表多数表决权的股东通过，方能形成决议。此种情况下，企业股本结构按同股同权的原则设计，股东持有的股份越多，出资比例越大，所享有的表决权就越大。多重表决制度是指一股享有多个表决权的股份，其是建立在双重股权结构基础之上的。

双重股权结构是指上市公司股本可以同股不同权，通常是一般股东一股一票，但公司少数高管可以一股数票。是否允许多重表决权股，各国规定颇不一致：日本一般不允许多重表决权股，美国则允许公司章程规定多重表决权股。我国最新《公司法》第四十二条规定："股东会会议由股东按照出资比例行使表决权；但是，公司章程另有规定的除外。"

在实行资本多数决制度的企业，大股东在股东大会上对企业的重大决策及在选举董事上实质上都拥有绝对的控制权。若大股东控制并积极行使控制权来管理企业，中小股东可以用相对较低的成本获取收益，得到"搭便车"的好处；但是若大股东利用其垄断性的控制地位做出对自己有利而有损于中小股东利益的行为，则大股东与中小股东之间即产生利益冲突。

（三）股东与债权人的利益冲突

企业的资金来源于股东投入的股权性质资金及债权人投入的债务性质的资金。当企业盈利时，股东权益增加，债权人的本金及利息偿付将会得到有力的保障；当企业亏损时，股东权益减少，但只要没有出现资不抵债的情况，债权人的利益仍是有保障的，其本金及利息仍将被全额偿付；当股东权益不断减少甚至接近于零时，债权人的本金及利息将不会得到完全的清偿。

相比而言，企业股东的风险比企业债权人的风险偏高。有时股东会不考虑债权人的利益，投资于一些比债权人期望风险更高的项目，若成功，由于财务杠杆的作用，收益归股东所有，债权人不会得到额外收益；若失败导致股东权益为负时，债权人将遭受损失。对债权人来说，这时的风险与报酬是不对等的。债权人为保护其利益不受损害，通常会与企业签订一个限制性的条款。但这些限制性条款又可能会影响股东获得更高收益，从而形成股东与债权人之间的利益冲突。

第三节　现代企业财务管理的环境

与公司的其他经营决策一样，公司财务活动也要受周围环境的制约和影响，多变的环境可能带来机遇，也可能引来麻烦。公司财务管理的环境是指对企业财务决策产生影响的外部条件，涉及的范围很广，经济、法律、金融、社会人文、自然资源等都具有十分重要的影响力，其中最重要的是宏观经济环境、法律环境、金融市场环境以及社会文化环境。

一、宏观经济环境

宏观经济环境是指影响公司财务决策的宏观经济状况，如宏观经济发展速度和水平、经济波动、通货膨胀等。从某种意义上看，宏观经济发展速度是各经济单位发展速度的平均值，一个企业要跟上行业整体的发展并在行业中维持它的地位，至少要保持与宏观经济同样的增长速度。经济周期波动则要求公司适时迅速调整财务策略以适应这种变化。例如，在经济萧条阶段，整个宏观环境不景气，公司将面临产品销售受阻、资金紧缺、利率上涨等困难，需要采取缩减管理费用、放弃次要利益、削减存货、尽量维持生产份额、出售多余设备、转让一些分部、停止扩张和减少雇员等措施。在繁荣时期，市场需求旺盛，销售大幅度上升，企业则要迅速采取筹集资金、扩充厂房设备、建立存货、提高价格、开展营销规划等措施。虽然政府总是力图减少不利的经济波动，但事实上，经济有时过热，有时过冷，公司财务决策必须能够应对这种波动。

通货膨胀是经济发展中最为棘手的宏观经济问题，通货膨胀导致公司产品成本上升，资金需求和资金成本增加，会影响企业的投资收益率和企业资产的价值等，对公司财务活动的影响极为严重。在通货膨胀期间，公司为了实现预期的报酬率就必须采取各种办法调整收入和成本，如利用套期保值、提前购买设备和存货、买进现货、卖出期货等方法尽可能减少损失。利息率波动会引起贷款利率变化，股票债券价格变动，直接影响企业的投资收益和利润，影响企业的筹资成本。因此，如何应对利息率波动也是对公司财务管理活动的挑战。政府对某些地区、某些行业、某些经济行为的优惠和鼓励构成了政府主要的经济政策。由于我国目前的管理体制形成了政府政策的多层次性，并根据经济状况的变化而不断调整，公司财务决策应能够利用好这些政策并为政策的变化留有余地，甚至预见其变化趋势。此外，来自行业的竞争、技术发展水平和速度的变化等都是对公司财务决策的挑战。

二、法律环境

公司财务决策的法律环境是指公司必须遵循的各种法律、法规和规章制度。一般而言，国家管理经济活动和经济关系的手段主要有行政手段、经济手段和法律手段。在市场经济条件下，越来越多的经济关系和经济活动的准则用法律的形式固定下来，行政手段逐步减少，而经济手段，特别是法律手段日益增多。企业在进行各种各样的财务活动、处理由此产生的各种财务关系时，必须遵守有关的法律规范，企业不懂法就好比走进了"地雷区"，随时都会有危险。

（一）企业组织法律、法规

我国先后颁布过许多与企业组织相关的法律、法规。按照所有制框架，有《中华人民共和国全民所有制工业企业法》《中华人民共和国城镇集体所有制企业条例》《中华人民共和国乡镇企业法》《中华人民共和国私营企业暂行条例》《中华人民共和国外资企业法》等。按照责任制框架，则有《中华人民共和国公司法》《中华人民共和国个人独资企业法》《中华人民共和国合伙企业法》等。这些法律、法规既是企业的组织法又是企业的行为法。

个人独资企业的财务优势是：由于企业主对企业的债务承担无限责任，法律对这类企业的管理就比较松，设立企业的条件不高，设立程序简单，所有权能够自由转让；由于所有者与经营者合为一体，故没有代理成本，且经营方式灵活，财务决策迅速，也不存在公司制企业的双重纳税问题。

但个人独资企业也存在很多财务劣势：由于个人财力有限，企业规模小，发展慢；受信用程度不足的限制，对债权人缺少吸引力，筹资能力较弱，难以投资资金密集、规模生产的行业；受企业主能力和素质、资金规模的影响，企业抵御风险的能力较差；另外，还必须承担无限的债务责任。

根据《中华人民共和国合伙企业法》，合伙企业的财务优势是：由于每个合伙人既是所有者又是经营者，可以发挥每个合伙人的专长，提高合伙企业的决策水平和管理水平；由于有合伙人共同筹措资金，相对于个人独资企业而言筹资能力有所提高，企业规模扩大也比较容易；由于各合伙人共同偿还债务，偿债能力提高，对债权人的吸引力增强。

合伙企业的财务劣势表现为：由于合伙企业以人身相互信任为基础，任何一个合伙人发生变化（如死亡、退出、新人加入等）都会改变原来的合伙关系，产生新的合伙企业，因而企业的存续期和财务不稳定性较大；由于在重大财务决策问题上必须经过全体合伙人一致同意，其财务决策和经营方式可能不如个人独资企业迅速和灵活易变；另外，盈余分配也较复杂。

相对于上述两种组织形式，公司制企业的优点最多。例如，筹资能力强，资金实力雄厚，易于扩大规模、降低成本，形成规模经济；企业存续期长，股份易于转让，股东只以出资额承担有限责任等。但公司制企业所引起的财务问题也最多，公司不仅要争取最大利润，而且要实现股东财富最大；随着筹资能力增强，可供选择的筹资方式也增多，各种筹资方式利弊各异，需要认真分析和筛选；公司盈余的分配也更复杂，需要考虑双重纳税、信息传递效应等企业内部和外部多种因素。

（二）工商税收法律、法规

税负是企业的费用，引起企业的现金流出，了解税收制度、熟悉税法无疑对公司财务决策具有至关重要的意义。我国各类不同经济性质的企业应纳的税种主要有增值税、消费税、营业税、关税、所得税、城市维护建设税、房产税、车船使用税、印花税、固定资产投资方向调节税、土地使用税、土地增值税、资源税和教育附加费等。税种的设置、税率的调整都会对公司的生产经营活动成果产生影响。国家财务管理规定，一般企业债券的利率高于同期国债利率一定百分点后，高出部分的利息须从企业税后利润中支付，显然，提高企业债券的票面利率没有充分发挥债务的节税作用，降低了股东收益。若选择折价销售，折价部分可在债券存续期内作为税前费用逐期摊销，可以充分利用债务的节税作用。上例仅仅分析了所得税对企业财务决策的部分影响，如果考虑所有的税种，对企业财务决策的影响就更大了，一个没有税负情况下的合理财务决策，在考虑了税负之后可能成为错误的决策。

（三）财务法律、法规

财务法规是企业进行财务活动、实施财务管理的基本法规，主要包括《企业财务通则》和行业财务制度。《企业财务通则》对企业资本金制度的建立、固定资产折旧、成本的开支范围、利润分配等问题做出了规定，是各类企业财务活动必须遵循的原则和规范。行业财务制度是根据不同行业的特点而制定的行业财务规范。

除上述法律、法规外，与企业财务活动密切相关的法律、法规还有很多，如《证券法》《基金法》《合同法》《破产法》等，公司财务决策应善于掌握法律界限，充分利用法律工具实现公司财务决策的目标。

三、金融市场环境

金融市场是与商品市场、劳务市场和技术市场并列的一种市场，在这个市场上活跃着各种金融机构、非金融机构和个人，这些机构、企业和个人在市场上进行货币和证券的交易活动。所有的企业都在不同程度上参与金融市场。金融市场上存在着多种方便而又灵活的筹资工具，公司需要资金时，可以到这里寻找合适的工具筹集所需资金；当公司有了剩余资金时，也可在这里选择投资方式，为其资金寻找出路。在这里，公司通过证券买卖、票据承兑和贴现等金融工具实现长、短期资金的转换，以满足公司的经营需要；在这里，公司通过远期合约、期货合约和互换合约等各种套利、投机和套期保值的手段，可化解、降低、抵销可能面临的利率风险、汇率风险、价格风险等。金融市场还可为企业财务决策提供有意义的信息。金融市场的利率变动反映资金的供求状况，有价证券市场的行情反映投资人对企业经营状况和盈利水平的评价。没有发达的金融市场，经济就会遇到困难；不了解金融市场，企业就无法做出最优的财务决策。

（一）金融市场的类别

金融市场可以按照不同的分类标准进行分类。

按交易对象可分为资金市场、外汇市场和黄金市场。资金市场是进行资金借贷的市场，包括融资期限在一年以内的货币市场和融资期限在一年以上的资本市场。外汇市场是进行外汇买卖的交易场所或交易网络，主要设置在各国主要的金融中心，如荷兰的阿姆斯特丹、英国的伦敦、美国的纽约、日本的东京等都是著名的国际金融中心。黄金市场是专门经营黄金买卖的金融市场，包括现货交易市场和期货交易市场，市场的参与者主要是各国的官方机构、金融机构、经纪商、企业和个人。

按融资期限可分为货币市场和资本市场。货币市场是融资期限不超过一年的资金交易市场，是调剂短期资金的场所，交易内容较为广泛，主要包括短期存贷款市场、银行间同业拆借市场、商业票据市场、可转让大额存单市场、短期债券市场等。资本市场是融资期限在一年以上的长期资金交易市场，主要包括长期存贷款市场、长期债券和股票市场，是企业取得大额资金的场所，企业以投资者和筹资者双重身份活跃在这个市场上。

按交易的性质可分为发行市场和流通市场。发行市场是发行证券的市场，也称为一级市场。流通市场是从事已发行证券交易的市场，又称为二级市场。资金在一级市场上从投资者手中流入企业，二级市场则方便了投资者之间的交易，增加了投资者资产的流动性，提供了公司股票价值的信号，间接地促进了一级市场的发展。

此外，金融市场还可以按交割时间分为现货市场和期货市场，按地理区域分为国内金融市场和国际金融市场等。

（二）金融中介机构

金融中介机构是金融市场上连接资本需求者与资本供给者的桥梁，在金融市场上发挥着十分重要的作用。通常人们将金融机构分为银行和非银行金融机构两类。

1. 银行金融机构

按照其职能，银行金融机构又可以进一步分为中央银行、商业银行、专业银行。中央银行虽然也称为"银行"，但它并非一般意义上的银行，而是一个政府管理机构。它的目标不是利润最大化，而是维护整个国民经济的稳定和发展，它的基本职能是制定和执行国家的金融政策。在我国，中国人民银行是我国的中央银行，它代表政府管理全国金融机构，经理国库。其主要职责是：制定和实施货币政策，保持货币币值稳定；依法对金融机构进行监督管理，维护金融业的稳定；维护支付和清算系统的正常运行；保管、经营国家外汇储备和黄金储备；代理国库和其他与政府有关的金融业务；代表政府从事有关的国际金融活动等。

商业银行是主要经营存贷款业务、以盈利为经营目标的金融企业。随着金融市场的发展，商业银行的业务范围已大大扩展。不论是证券市场发达还是不发达的国家，商业银行都是金融市场的主要参与者。在我国，中国工商银行、中国农业银行、中国建设银行、中国银行、交通银行、光大银行、招商银行、中信银行、华夏银行、深圳发展银行、上海浦东发展银行、福建兴业银行等都属于商业银行。

专业银行是指经营指定范围金融业务和提供专门的金融服务的银行，主要有开发银行、储蓄银行等。如美国的互助储蓄银行，仅靠接受存款筹措资金，业务也仅限于发放抵押贷款。此外，银行金融机构还包括政策性银行。政策性银行一般不以营利为目的，其基本任务是为特定的部门或产业提供资金，执行国家的产业政策和经济政策。如我国的国家开发银行、中国进出口银行就是政策性银行。政策性银行虽然不以营利为目的，但政策性银行的资金并非财政资金，必须有偿使用，对贷款也要严格审查，并要求还本付息。

2. 非银行金融机构

非银行金融机构的构成和业务范围都极为庞杂，与公司财务活动密切相关的有：保险公司、证券公司、投资银行、信托投资公司、养老基金、共同基金、金融租赁公司等。保险公司从事财产保险、人寿保险等各项保险业务，不仅为企业提供了防损减损的保障，而且其聚集起来的大量资金还是公司及金融体系中长期资本的重要来源。投资银行主要从事证券买卖、承销，我国习惯上称其为证券公司。证券公司为企业代办、发行或包销股票和债券，参与企业兼并、收购、重组等活动，为企业提供财务咨询服务，与企业的关系十分密切。

共同基金是一种进行集合投资的金融机构，聘请有经验的专业人士，根据投资者的不同愿望进行投资组合，获取投资收益。财务公司不能吸收存款，但可以提供类似银行的贷款及其他金融服务。我国的财务公司多为由企业集团内部各成员单位入股设立的金融股份有限公司，是集团内部各企业单位融通资金的重要机构。金融租赁公司则通过出租、转租赁、杠杆租赁等服务为企业提供生产经营所需的各种动产和不动产。

（三）金融市场利率

金融市场上的交易对象是货币资金。无论是银行的存贷款，还是证券市场上的证券买卖，最终要达到的目标都是货币资金转移，而货币资金的交易价格就是利率。利率的高低通过影响筹资方的筹资成本和投资方的投资收益而直接影响交易双方的利益，是公司财务决策的基本依据。在金融市场上有各种各样的利率，主要有以下几大类别。

1. 市场利率与官方利率

既然利息是资金的价格，利率水平的高低也就与其他商品一样是由可借贷资金的供求关系决定的。可供借贷的资金主要来源于居民的储蓄、货币供给的增长和境外资金的流入。资金的需求则主要来自投资、政府赤字、持有现金以及经济货币化过程等产生的对资金的需求。显然，利息率越高，资金的供给就越多，而资金的需求就越低；利息率越低，资金的需求就越高，而资金的供给就越少。根据上述利率与资金供求量之间的关系可以得到资金的供求曲线，资金供求曲线的交点是市场的均衡利率。市场利率就是由货币资金的供求关系决定的利息率，也是由市场供求的均衡点决定其水平高低的利息率。

官方利率是由中央银行或政府金融管理部门确定的利率，也称为法定利率。

我国的利率属于官方利率，由国务院统一制定，中国人民银行统一管理。官方利率是国家进行宏观调控的一种手段，虽然是由政府确定公布的，但也要考虑市场供求的状况。

2．基准利率与套算利率

按照利率之间的变动关系可以将利率分为基准利率与套算利率。基准利率是在多种利率并存的条件下起决定作用的利率，这种利率的变动将影响和决定其他利率的变动。例如，西方国家中央银行的再贴现率和我国中国人民银行对商业银行的贷款利率。套算利率是指在基准利率基础上，各金融机构根据借贷特点换算出来的利率。

3．实际利率与名义利率

在公司财务决策中区分实际利率和名义利率至关重要，一项投资是赚钱还是赔钱不能看名义利率，而应看实际利率，名义利率和实际利率之差就是通货膨胀率。通常，贷款合同里签署的都是名义利率，包含了借贷双方对未来通货膨胀的预期。倘若对未来的通货膨胀不能做出比较准确的估计，交易的某一方就会发生损失。实际通货膨胀率高于预期，对贷出资金的一方不利；实际通货膨胀率低于预期，则对借方不利。因此，在公司财务决策中更重要的是能够对实际利率做出比较准确的事先估计。

4．浮动利率与固定利率

为了避免借贷期内由于通货膨胀等因素引起实际利率变动而造成的损失，就产生了浮动利率。浮动利率允许贷款利率按照合同规定的条件依市场利率的变动而调整，适用于借贷时期较长、市场利率多变的借贷关系。固定利率则是在借贷期内固定不变的利率，适用于短期借贷。

四、社会文化环境

社会文化环境包括教育、科学、文学、艺术、新闻出版、广播电视、卫生、体育、世界观、理想、信念、道德、风俗，以及与社会制度相适应的权利义务观念、道德观念、组织纪律观念、价值观念、劳动态度等。企业的财务活动不可避免地受到社会文化的影响。但是，社会文化的各方面对财务管理的影响程度是不尽相同的，有的具有直接影响，有的只有间接影响；有的影响比较明显，有的影响微乎其微。

例如，随着财务管理工作的内容越来越丰富，社会整体的教育水平将显得非常重要。事实表明，在教育水平落后的情况下，为提高财务管理水平所做的努力往往收效甚微。再如，科学的发展对财务管理理论的完善也起着至关重要的作用，经济学、数学、统计学、计算机科学等诸多学科的发展，都在一定程度上促进了财务管理理论的发展。另外，社会的资信程度等，也在一定程度上影响着财务管理活动。当社会资信程度较高时，企业间的信用往来会加强，会促进彼此之间的合作，并减少企业的坏账损失。同时，在不同的文化背景中做生意的公司，需要对现有员工进行文化差异方面的培训，并且在可能的情况下雇佣文化方面的专家。忽视社会文化对公司财务活动的影响，将给公司的财务管理带来意想不到的问题。

第四节　现代企业财务管理的价值观念

一、货币时间价值观念

"货币时间价值观念是现代财务管理的基础观念之一，它揭示了不同时点上资金之间的换算关系，是财务决策的基本依据。"为此，必须了解货币时间价值的概念。

①货币时间价值概念。货币的时间价值是一定量的货币在不同时点上的价值量的差额。马克思认为，货币本身不能带来价值，只有投入生产领域转化为劳动资料、劳动对象，再和一定的劳动相结合才能产生价值，这些价值最终还须在流通中才能实现。新增的价值是工人创造的，一部分作为工资支付给了工人，剩余的部分则归各类资本所有者所有。

马克思在《资本论》中精辟地论述了剩余价值转化为利润、社会平均利润的过程。最后，在不考虑风险的情况下，投资于不同行业的资金会获得大体相当的投资报酬率。马克思揭示了货币时间价值的本质是资金周转使用而产生的增值额，是劳动者创造的剩余价值的一部分。此外，通货膨胀也会影响货币的实际购买力，资金的供应者在通货膨胀的情况下，必须要求索取更高的报酬以补偿其购买力损失，这部分补偿称为"通货膨胀贴水"。可见货币在生产经营过程中产生的报酬还包括货币资金提供者要求的风险报酬和通货膨胀贴水。因此，货币时间价值是扣除风险报酬和通货膨胀贴水后的社会平均利润率。货币时间价值有相对数、绝对数两种表达形式。相对数形式即时间价值率，是扣除风险报酬和通货膨胀贴水后的社会平均利润率；绝对数形式即时间价值额，是资金与时间价值率的乘积。两种表示方法中，用相对数表达的情况较多一些。

银行存款利率、贷款利率、股利率等各种投资报酬率与时间价值在形式上没有区别，但实质上，这些投资报酬率只有在没有风险和通货膨胀的情况下才与货币时间价值相等。一般来说，一个政治、经济稳定的国家的国债利率可以近似地认为是没有风险的投资报酬率。

为了分层次、由简到难研究问题，在论述货币时间价值时采用抽象分析法，一般假定没有风险、没有通货膨胀情况下的利率代表时间价值率。

②现值与终值。货币时间价值的计算是将不同时点发生的现金流量进行时间基础的转换。通常会借助现金流量时间轴来计算。现金流量时间轴是计算货币资金时间价值的一个重要工具，它可以直观、便捷地反映资金运动发生的时间和方向。

③现金流模式。企业中常见的现金流模式一般包括3种类型：一次性款项、年金及不规则现金流。一次性款项通常指某段时间内特定时点上发生的某项一次性付款（或收款）业务，经过一段时间后发生与此相关的一次性收款（或付款）业务。年金则是指某段时间内每间隔相等时间段就发生的相同金额的多次付款（或收款）业务。不规则现金流是指某段时间内发生多次不同金额的付款（或收款）业务。

④计息法。在计息和贴现两种计算中，根据利息的计算方法不同分为单利法、复利法。单利法是指只就本金计算利息，本期产生的利息在以后时期不再计

算利息；复利法是指不仅就本金计算利息，本期产生的利息在以后时期也要作为下一期的本金计算利息，俗称"利滚利"。

单利法计算简单，操作容易，也便于理解，银行存款计息和到期一次还本付息的国债都采取单利计息的方式。但是对于投资者而言，每一期收到的利息都是会进行再投资的，不会有人把利息收入原封不动地放在钱包里，至少存入银行也是会得到活期存款收益的。因此，复利法是更为科学的计算投资收益的方法。现代企业理财中，均是采用复利法进行投资决策的，本书若非特别说明，凡是涉及资金时间价值均是采用复利法进行计算。

二、风险价值观念

（一）概述

对大多数投资者而言，个人或企业当前投入资金是希望在未来会赚取更多的资金，即报酬。报酬可以用绝对数或相对数来表示。绝对数即赚取的资金额，报酬率即报酬额与投资额的比率。

人们一般从性质上把风险分为静态风险和动态风险两种。静态风险是指事件一旦发生只能产生损失而无获利可能的风险，其结果是损坏性的。动态风险是指未来结果与期望的偏离，其具有两面性，既有未来实际结果大于期望（经济上获利）的可能，又有未来实际结果小于期望（经济上受损）的可能。很多人习惯性地认为风险仅是指未来会产生损失，即认同静态风险，这种观点不适用于财务决策。财务活动的风险属于动态风险。风险是客观存在的，按风险的程度，可以把企业的财务决策分为 3 种类型。

①确定性决策。决策者对未来的情况是完全确定的或已知的，这种决策被称为"确定性决策"。

②风险性决策。决策者对未来的情况不能完全确定，但不确定性出现的可能性——概率的具体分布是已知的或可以估计的，这种情况下的决策称为"风险性决策"。

③不确定性决策。决策者不仅对未来的情况不能完全确定，而且对不确定

性可能出现的概率也不清楚，这种情况下的决策称为不确定性决策。不确定性决策不是没有风险，而是风险更大。

从理论上讲，不确定性是无法计量的，但实务中，通常会主观估算一个概率，这样就与风险性决策类似了。本书主要集中对风险性决策的讨论。投资者之所以愿意冒风险进行投资是希望获得高于社会平均利润的报酬，如果投资高科技项目的期望报酬率与短期国库券一样，那么几乎没有投资者会愿意承担风险。

（二）风险报酬与风险投资决策

1. 风险报酬

风险报酬是指投资者冒风险进行投资而获得的报酬。风险报酬是因人而异的，它取决于投资者对风险的厌恶程度。风险厌恶程度高的投资者对同一风险要求的补偿比风险厌恶程度低的投资者要求的补偿高。

标准离差率只能正确反映投资项目风险程度的大小，还无法将风险与风险报酬结合起来。无论在理论上还是在实践上，都很难告诉投资者应该为多高风险要求多少收益补偿，只有投资者自己才能决定。

2. 风险投资决策

一般情况下，投资者决定投资一个风险项目的必要条件应是其可得到的风险报酬率大于或等于其要求的风险报酬率。此即为单个风险投资项目的决策原则。若投资者有多个风险投资项目可供选择，从单个角度来看是每个风险项目均是可取的，但只能在这些项目中选取一个进行投资，如果两个项目期望报酬率相同、标准差不同，理性投资者会选择标准差较小，即风险较小的那个。类似地，如果两项目具有相同风险，但期望报酬率不同，理性投资者会选择期望报酬率较高的项目。因为投资者都希望冒尽可能小的风险，而获得尽可能高的报酬。如果两个项目中，一项期望报酬率较高同时标准差较小，另一项期望报酬率较低同时标准差较高，则投资者当然会选择期望报酬率较高同时标准差较小的项目。如果两个项目中，一项期望报酬率较高同时标准差也较高，另一项期望报酬率较低同时标准差也低，则投资者只能根据自己的风险偏好来进行决策了。比较敢于冒风险的投资者往往选择前者，比较稳健或保守的投资者常常会选择后者。

（三）投资组合风险与报酬

1. 系统性风险和非系统性风险

风险按其是否具有分散性还可以分为系统性风险和非系统性风险。

系统性风险是指那些对一定范围内所有企业产生影响的因素引起的风险。这类风险涉及一定范围内的所有投资对象，即使通过多角化投资也不能被分散掉，因此又被称为"不可分散风险"或"市场风险"。当然，这种风险对不同公司的影响程度会有所不同。非系统性风险是指个别企业的特有事件造成的风险。这类事件是随机发生的，非系统风险只影响一个或少数几个企业，而不会对整个市场产生太大的影响，可以通过多角化投资来分散（发生于某一家公司的不利事件可以被其他公司的有利事件所抵消），因此又被称为"可分散风险""公司特有风险"或"可分散风险"。

系统风险与非系统风险的划分并非绝对的，其前提条件是在一定范围内。当范围内扩大后，原本在某一定范围内的系统性风险有可能会转化为非系统性风险；反之，非系统性风险有可能会转化为系统性风险。

投资者进行投资时，一般不应把资金全部投资于某一个项目，应综合考虑各种投资方案的风险与收益的关系，寻求将风险分散的可能途径，这个可能途径就是投资组合。

2. 证券投资组合的报酬

证券投资组合是指同时投资于多种证券的方式。证券组合的报酬是指组合中单项证券报酬的加权平均值，权重为整个组合中投入各项证券的资金占投资总额的比重。

3. 证券投资组合的风险分散原理

证券投资组合的目的是分散风险，并不是说进行证券投资组合可以分散所有的风险。一方面，由于投资组合的系统性风险是对组合内的所有企业均产生影响的，只是产生影响的程度不一定相等。因此，只能通过分散化投资消减一部分系统性风险，而不可能将其全部分散掉。另一方面，投资组合中各投资项目之间的相关性也对风险分散的效应产生影响。

事实上，多数股票的报酬都呈正相关关系，但并非完全正相关。平均而言，随机选择两只股票，其报酬的相关系数大约为0.6，且对于多数股票来说，其报酬的两两相关系数在0.5～0.7之间。在此情况下，股票投资组合能降低风险，但不能完全消除风险。而如果股票种类较多，能分散掉大部分非系统性风险；组合中不同行业的证券个数达到约40个时，绝大多数非系统性风险已被消除掉，如果继续增加证券数目，对分散风险已经没有多大的实际意义，只能增加管理成本。

4．证券投资组合的风险衡量

在有效的资本市场中，投资人是理智的，会选择充分的投资组合以分散非系统性风险，因此，承担此风险没有回报（换句话说，市场不会给那些不必要的风险以回报）。因此，在确定一项投资组合的风险报酬时，只要考虑系统性风险的部分。

5．证券投资组合的风险报酬

投资者进行证券组合投资与进行单项投资一样，都要求对所承担的风险进行补偿，股票的风险越大，要求的报酬越高。但与单项投资不同，证券组合投资要求补偿的风险只是系统性风险，而不要求对可分散风险进行补偿。如果可分散风险的补偿存在，善于科学地进行投资组合的投资者将会购买这部分股票，并抬高其价格，其最后的报酬率只反映市场风险。因此，证券组合的风险报酬率是投资者因承担不可分散风险而要求的、超过时间价值的那部分额外报酬率。

第六章　现代企业财务管理的信息化建设

第一节　现代企业财务管理的观念创新

财务管理的观念也叫财务管理的原则，是指人们在财务管理过程中所遵循的基础理念，其主要包括 3 个基本的价值观念，还有机会观念、边际观念、弹性观念、预期观念等。

财务管理观念作为一种比较稳定的群体意识，它属于经济、社会以及企业文化的组成部分，蕴含着民族精神、价值观、企业管理哲学和经营思想，为集团成员所接纳，决定和影响着财务管理活动。由于企业所处的财务管理环境瞬息万变，在不同的财务管理环境中，企业财务管理的重点不同，财务管理观念就需要创新，因而研究企业财务管理观念创新有着极其重要的现实意义。

一、传统财务管理观念历经阶段

（一）财务管理筹资观念阶段

筹资财务管理阶段又称守法财务管理阶段或传统财务管理阶段。在这一阶段，预计企业对资金的需求量并为企业筹集到所需资金是财务管理的主要职能。在 20 世纪初，股份公司迅速发展的年代，各个公司都在考虑怎样才能筹集资金和扩充所需资金。在此期间，由于资金市场发展迅速，信息得不到及时的更新，导致财务无法获取详细的会计资料，只能"捏造"企业的损益表和资产负债情况。由于缺乏可靠的财务信息，而且股票的买卖被少数了解内情的人所掌控，投资人裹足不前，不愿意购买股票和债券。因此，如何筹集资金是当时财务管理的重要职能。

另外，在筹资财务管理阶段，解决和解释与法律有关的问题是一个非常重要的问题。特别是在 20 世纪 30 年代的资本主义经济受到严重打击的时期，许多企业破产倒闭，投资者也遭受了严重的损失。因此，各国政府加强了对证券市场的管理，以保护投资人的利益。在这个时期，适应政府的法律成为财务管理工作的关键。企业必须遵守各种政府法规，特别是在涉及股票发行和销售的时候。如果企业没有遵守这些规定，就会面临着严重的法律后果。因此，企业必须了解这些法规，并在财务管理过程中遵守它们。

（二）财务管理内部控制观念阶段

内部控制财务管理阶段又称为"内部决策财务管理阶段"或"综合财务管理阶段"，这个阶段对于财务管理非常重要。筹资阶段的财务管理只着重研究资本筹措，为能研究出一套必要的财务管理办法，忽视了企业日常的资金周转和内部控制，因而即便资金已经按照要求筹集完毕，仍无法完全保证企业持续经营发展。随着科技快速进步，市场的竞争日益激烈，西方企业的财务人员发现，财务管理不应只重视筹集资金，应从内部对资金及资产负债表中的资产科目进行合理的管控和利用，重视固定资产、应收账款、现金及存货等在企业经营中出现的变化，对企业资源合理调配和利用，才能在残酷的市场竞争中发现生存的机遇，保持企业持续发展。

在内部控制财务管理阶段，公司内部的财务决策被认为是财务管理最重要的问题，而与资金筹集有关的事项则次之。各种计量模型逐渐用于存货、应收账款、固定资产等科目，财务计划、财务控制、财务分析等得到广泛应用。

（三）财务管理投资观念阶段

第二次世界大战结束后，恢复并促进经济的交流与发展成了各国的治国重点。在这样有利的环境下，国际之间的交流更加频繁，国际市场迅速发展起来，跨国企业抓准时机脱颖而出。在此阶段，科技进步飞快，市场竞争更加激烈，产品种类逐渐繁多，更新换代越来越快，金融市场发展更加复杂繁荣。此时，各国企业不再将筹资问题和产品生产的数量问题作为发展的重点，如何提高资金的利用效率成了各国企业财务管理工作的首要任务，投资问题成了财务管理工作的重点。

1970 年以后，金融工具种类越来越多，金融市场得到了迅速的发展，企业与金融市场之间的关系日趋密切。认股权证、金融期货等广泛应用于企业筹资与对外投资活动中，使得财务管理理论日新月异，并逐步走向完善。

在此期间，财务管理观念主要有以下两个特点：一是如何利用资金使投资活动更加科学、高效成为财务管理的重点；二是金融工具的发展推动了财务管理理论的发展，使得投资决策日益成熟。

（四）财务管理风险防控观念阶段

20 世纪 70 年代末期和 80 年代初期，一场来势汹汹的通货膨胀袭击了西方各国，这次通货膨胀持续了很长时间，在全球范围内造成了很大的影响。随着通货膨胀加剧，通货膨胀率迅速上涨，推动利率随之提升，导致企业在进行筹资活动时要支付更多的利息，增加了企业的筹资难度，进而导致金融产品的收益下跌。在这种环境下，企业为了吸纳更多的客户，减少风险，只能将金融产品的市场价格降下来，因而有价证券逐渐贬值。随着物价持续上涨，企业所获得的利润看似也得到了增长，企业的所有者因此想要分到更多的利益，但实际上，这种增长是由于物价上涨引起的虚增，导致最终资金流失严重。在这种情况下，财务管理面临的主要问题是如何对付通货膨胀。

20 世纪 70 年代末期，发展中国家为了改变自身落后的处境，努力发展经济，掀起了一股借债高潮，它们却没有将资金用于改良自身的发展经营条件，而是很不明智地拿借款进行消费，或是将资金投入到一些高成本、低收入的项目之中。到了 80 年代，西方发达国家为了消除通货膨胀给国家造成的影响，纷纷放缓了经济的发展，并且采取了高利率的财政政策，导致发展中国家还本付息的负担加重。债务危机的爆发不仅仅影响着发展中国家，发达的工业国家也受到了很大的负面影响。债务危机爆发后，国际经济环境紧张，导致企业面对的筹资和投资的环境更加复杂多变。在这样的环境下，企业在财务管理方面不得不慎重考虑采取什么措施才能规避风险以及获得利益。一般来说，高收益的背后就是高风险，二者一定同时出现，高收益低风险的项目并不存在。

这一阶段，财务管理对财务的风险评估更加专业准确，对风险的防范意识和防范能力也有很大提高。因此。在企业做财务决策时，越来越多的数量方法应用于财务管理工作中，如概率分布、线性规划、效用理论、博弈论以及模拟技术等。财务决策数量化，财务预测与财务风险问题关系密切，这些影响着企业财务人员的财务管理观念必须以风险为导向，这样才能在面对风险时使用科学的手段，及时预防和处理财务风险。

（五）财务管理精准核算观念阶段

随着网络技术的飞速发展，先进的方法和手段应用于各行各业，也在财务管理活动中得到了广泛应用。计算机技术和财务管理理论的结合，实现了财务管理的快速发展。在计算机技术的帮助下，人们利用计算机工具创建了各种财务模型，并通过这些财务模型实现了财务管理。这些财务模型不仅可以帮助企业管理者分析企业的财务状况，还可以为企业的财务决策提供有效的支持。其中，筹资决策的计算机分析模型是一个重要的财务模型。这个模型可以根据企业的实际情况选择最适合的筹资方式，并确定对企业的筹资成本最低的筹集方式。这样可以帮助企业在筹资方面做出更为明智的决策，有效地节约企业的成本。此外，借款分析模型也是一个关键的财务模型。借款分析模型可以根据不同因素的变化来分析每期偿还金额的变化，并做出适当的决定。这个模型可以帮助企业管理者更好地了解借款的利弊，从而更加有效地进行资金管理。

投资决策的计算机分析模型主要借助于计算机语言工具，对投资项目收益和与风险相关的参数进行设置和调整，就能够结合企业自身状况条件与考虑投资的项目，推算出企业的预期投资结果和其投资风险的各项评价指标，从而迅速对比各项投资方案的风险和收益，做出最科学的投资决策。

企业的流动资金在企业的流动资产中占比较大，对流动资金有科学的管理有益于保持企业自身资金的流动性。流动资金的计算机分析模型包括应收账款赊销策略分析模型、最优经济订货批量模型和最佳现金持有量决策模型。在计算机模型中，将方案的各种数据输入进去，模型就会自动生成分析结果，不同的方案会产生不同的结果。即使是相同的方案，只要方案中任意因素发生改变，其分析结果也会随之改变，从而为财务人员的决策提供最佳的方案。

如今的财务管理受电子技术、网络科技及计算机发展的影响，与传统的财务管理方法相比，缺点和漏洞更少，更能满足现代化经济的发展要求。财务人员可以通过计算机使用所有的财务模型，对财务管理决策进行分析，得出合理的依据，从而提高财务人员工作效率，为企业带来更大的经济效益。

二、互联网背景下财务管理观念创新

财务管理观念是企业制定财务管理战略、践行财务管理活动的指导思想。这是企业财务管理的核心，也是企业发展的重要组成部分。财务管理观念对企业财务管理内容、方法及工作质量有着非常重要的影响。因此，企业财务管理观念先进与否，直接决定着企业的经济效益，关系着企业的发展壮大。在互联网背景下的财务管理环境中，我国企业适时地创新财务管理观念就显得尤为重要。随着信息技术的飞速发展，互联网已经深刻地改变了企业的经营方式和管理模式。在这个背景下，企业需要加强财务管理，提高财务管理水平，才能适应新的市场环境，更好地发挥企业的优势，实现可持续发展。

（一）竞争观念

市场经济是当今世界主流经济体制，它通过竞争实现资源的优化配置。竞争促使企业寻求更有效的经营方式和方法，以满足消费者对产品和服务的需求。在这个过程中，财务管理人员需要对市场有充分的调查和了解，并对市场做出预测，以便制定出最佳的财务管理方案。财务管理在资金的筹集、投资、运营管理和收益分配方面扮演着重要的角色。在日趋激烈的市场竞争中，企业需要不断提升自身实力，提高竞争力，增强企业应变能力。财务管理人员需要在财务管理的各个领域做出积极的贡献，协助企业实现长期稳健发展。只有通过不断的学习和创新，才能在市场竞争中脱颖而出。综上，市场经济下的财务管理需要紧密结合市场经济的特点，以竞争为导向，以实现资源优化配置为目标，不断提高企业的运营效率和竞争力，为企业的长期发展打下坚实的基础。

1. 强化竞争对手分析

企业要在激烈的市场竞争中生存发展，需要了解并掌握影响企业行业竞争的主要因素。这些因素包括企业数目、潜在竞争企业、竞争企业间相对地位的稳定性、竞争资源的可靠性、竞争企业开工率、竞争行为的敏感性、竞争的冲突性、政府政策等。

首先，企业数目是影响行业竞争的关键因素之一。在同一行业中，竞争企业越多，竞争就越激烈。其次，潜在竞争企业也是影响竞争的因素之一。这些潜在竞争者可能随时进入市场，打破原有的市场格局。此外，竞争企业间相对地位的稳定性也对竞争有很大的影响。若竞争企业间的相对地位不稳定，一旦出现变化，就会引起市场的震荡。竞争资源的可靠性是另一个重要的因素，竞争企业需要有足够的资源来支持其生产和销售活动。竞争企业开工率和竞争行为的敏感性也是影响竞争的因素。竞争企业开工率的高低直接影响市场供给量，而竞争行为的敏感性则会影响竞争企业的策略制定和市场反应能力。此外，竞争的冲突性也是一个重要的因素。竞争会导致价格战和产品差异化，而政府政策则可能对竞争产生积极或消极的影响。

企业的财务实力是企业是否能够获得市场竞争优势的重要标志。体现企业财务实力的主要因素包括资金占用结构合理性、资金筹措能力、财务形象、负债水平、系统有效性、资金运用效率、资金周转率、费用控制水平等。

首先，资金占用结构合理性是体现企业财务实力的重要因素之一。资金占用结构应该合理，能够平衡企业的各项经营活动，以实现企业的整体效益最大化。其次，资金筹措能力也是一个重要的因素。企业需要寻找合适的融资途径，以满足其资金需求。财务形象也是影响企业财务实力的因素之一。一个良好的财务形象可以提高企业的信誉度和竞争力。此外，负债水平也是一个重要的因素。企业需要控制其负债水平，以避免财务风险和经营风险。系统有效性、资金运用效率、资金周转率以及费用控制水平也是体现企业财务实力的关键因素。系统有效性可以提高企业的管理效率和运营效益；资金运用效率能够提高企业的资产收益率；资金周转率则是衡量企业资金流动性的关键指标；费用控制水平则是企业控制经营成本和提高盈利的重要手段。

在市场竞争中，了解竞争对手是制定有效竞争策略的关键。竞争对手分析的关键在于找出企业与行业竞争因素之间的关系，识别竞争对手的方面包括资源、有形生产服务资源、市场开发、技术开发、无形资产管理等。

首先，了解竞争对手的资源情况能够帮助企业了解行业竞争的格局和未来发展趋势。其次，了解竞争对手的有形生产服务资源以及市场开发能力，能够帮助企业了解行业竞争的市场布局和产品差异化策略。技术开发和无形资产管理也是竞争对手分析的关键。了解竞争对手的技术开发能力能够帮助企业了解行业技术发展趋势和技术应用情况，从而制定相应的技术创新策略。同时，了解竞争对手的无形资产管理能力，如品牌管理、知识产权管理等，能够帮助企业了解行业品牌和知识产权的竞争状况，从而制定相应的品牌和知识产权保护策略。竞争对手分析的关键在于深入了解竞争对手的情况，找出其竞争优势和劣势，从而制定相应的竞争策略，提高企业的竞争力和市场占有率。

2. 确立财务管理的竞争战略

竞争战略与财务管理密切相关。在企业经营中，制定财务战略是至关重要的一环。财务战略需要考虑到企业的竞争战略，以确保企业在竞争中取得优势地位。

在制定财务管理的竞争战略时，需要将资金战略筹划纳入其中。资金战略的制定需要考虑到企业的长期和短期资金需求，以及如何最优地配置这些资金来支持企业的竞争战略。

利润战略是竞争战略的关键。在制定竞争利润战略时，需要分析、对比各方的综合竞争实力。企业需要详细考虑经济资源的优化配置、最佳的竞争手段、最佳竞争时机以及最佳竞争环节等问题，以确保竞争利润战略的实施和实现企业长期的竞争利润战略目标。

竞争性的财务战略具有全面性、盈利性、战斗性和综合性等特征。这种战略能在安排收益指标的同时，合理安排偿债能力、流动性等与风险密切相关的指标，促进企业生产经营安全性的提高。

财务管理需要以长期利益为重来安排利润的规模和水平，以保证财务战略的实施，以实现企业长期的竞争利润战略目标。同时，培育众多具有竞争意识的技术人才和管理人才是实施全面性的竞争财务管理的必要条件。

综上所述，竞争战略与财务管理密切相关。制定财务管理的竞争战略需要考虑资金战略、利润战略、经济资源配置、竞争手段、竞争时机和竞争环节等问题。同时，竞争性的财务战略需要具备全面性、盈利性、战斗性和综合性等特征。为了实现全面性的竞争财务管理，企业需要培育众多具有竞争意识的技术人才和管理人才。

（二）责任观念

近年来，企业责任缺失现象越来越受到社会的关注，其中社会责任缺失是其中一个重要方面。一些企业为了追求经济效益，而不顾及资源浪费和环境污染等恶劣行为，导致消费者和利益相关者的合法权益受到影响，对社会的健康和谐发展产生了不良的影响。社会责任缺失的企业行为不仅仅会对社会造成不良影响，也会对企业的发展产生阻碍。尤其是一些大股东侵害中小股东利益的事件在我国频繁发生，这会导致企业的信誉受损，影响企业的发展前景。同时，这些事件会对我国证券市场的资源配置产生非常不利的影响，也会影响到整个经济社会的发展。

因此，企业在追求经济效益的同时，也必须要承担起社会责任。企业应该从自身出发，尊重法律法规，遵循道德规范，注重环保和资源节约，关注消费者和利益相关者的权益，积极履行社会责任，为社会的可持续发展贡献力量。同时，政府也应该加强对企业行为的监管和管理，对于违反法律法规和道德规范的企业，应该依法予以严惩，为企业行为的规范化发展创造一个良好的环境。只有这样，才能推动企业的健康发展和社会的持续进步。

1. 财务管理应更加重视社会责任

美国企业 IBM 公司三大原则，分别是为员工牟利，为顾客牟利以及为股东牟利。这 3 个对象都是企业发展过程中的重要组成部分，也是企业财务管理目标的重点考虑对象。企业财务管理目标的核心是要考虑各相关主体的利益。除了员工、顾客和股东，还包括供应商、社会公众、政府等各方面的利益相关者。因此，企业在制定财务管理目标时，必须全面考虑各方面的利益，才能实现全面而可持续的发展。企业既是市场的主体，也是财务管理活动的主体。企业在市场上有着不可替代的地位，但同时它也承担着财务管理活动的主要责任。这就要求企业在财务管理过程中，必须坚持以利益相关者财富最大化为目标，保证企业财务活动的合法性和透明度。

2. 完善企业内部社会责任

（1）保护股东尤其是中小股东的合法权益

首先，在大股东掌握企业信息的情况下要保护中小股东的知情权，以免在信息不对称的情况下，频繁发生大股东侵犯小股东权益的事情。

其次，加强中小股东在董事会中的表决权，中小股东有权参与企业方针政策的制定和投资计划。

（2）加大员工社会责任投入

企业应做到以人为本，时刻关怀员工成长，激励员工与企业共同发展。首先，企业应调动员工积极性，使员工自主管理。企业应根据职能的区别明确划分出各个部门，可以通过合理的奖惩机制促使各个部门的员工各司其职，认真工作，主动为企业的发展做出更多的努力。其次，企业应营造良好的氛围，让全员共同参与企业的发展。企业在发展过程中应为员工提供实现自我价值的平台和机会，尊重每一位员工为企业创造的价值，让员工参与到财务目标和企业重大决策的制定中来，将自身的发展目标与员工的目标结合起来，促使全体成员荣辱与共，让企业全员为实现同一目标而努力，不断开创企业发展的新局面。

3. 完善企业外部社会责任

（1）健全债权人完善机制

银行是企业最大的债权方，当企业经营不善发生资不抵债的现象时，受到损失最大的一方是银行。就企业的管理来说，银行作为其最大的债权方有权参与企业的管理，这样不仅能够使银行对企业的生产经营状况进行全面快速的了解，还可以使银行参与企业的各项决策，影响企业的生产经营活动，使得企业朝着对自己有利的方向发展。

（2）对供应商全面负责

首先，企业应遵守合同，在享受权益的同时认真履行自己的义务，在合同规定的时间里及时向供应商支付款项。其次，企业不可因自身发展不良或在遭遇不公平竞争时，向供应商提出苛刻的要求，甚至做出违反合同约定的行为，这些不良的行为不仅违背了契约精神，对供应商的合法权益造成损害，还会对自身发展造成不良影响，甚至会给其他利益相关者带来负面影响。最后，企业应在交易中保护自身权益不受侵害，与供应商公平交易，互惠互利，不应以付款方的身份对供应商提出各种不合理的要求，甚至威胁供应商为自身发展提供便利。因此，企业的财务管理活动必须要考虑供应商的因素。

（3）对消费者负责，对产品负责

首先，企业应确保自身产品的质量合格。生产质量过关的产品，赢得广大消费者的信任，这是保证企业持续经营发展的前提。企业在生产产品及对产品更新换代时，不应因原材料供应不足或为谋取更大的利润等，使用廉价有害的成分代替原材料，降低商品质量，损害消费者的权益，更不应以次充好，生产伪劣产品欺骗消费者。其次，企业应对所出售的产品质量负责，在面对公关危机时，应及时召回产品并且诚恳道歉，承担相应的责任，不应隐瞒消费者，更不应该为自身的错误找借口。

（4）对环境负责

环境责任是一种需要企业高度重视的典型的社会责任，不仅国家的相关法律法规要求企业执行，更多的是需要企业坚守自身道德底线、遵守社会秩序、维护生态环境。企业应节约资源，科学合理地进行资源利用，不应该为了获取更大的利益过度开采、侵占、消耗、浪费资源。企业还应该对排放物进行严格管控，避免对环境造成伤害。大多数企业在生产过程中会产生可能对环境造成污染的废品、废料、废水、废气、废渣等物质，其中甚至有对生态环境、对人类及其他生物有毒有害的物质，企业应依据法律法规及道德要求，对排放物进行处理，使其符合排放标准，减小其对环境造成的伤害，一旦对环境造成破坏，应尽快采取措施，尽力弥补。此外，企业还应保护企业所在之处的环境，同时增强员工的环保意识，坚决不破坏环境、不浪费资源，企业全员共同对环境负责。

（5）完善慈善事业机制

政府要明确规定慈善事业的范围，引导企业积极参与社会公益事业。同时，政府部门应该明确规定企业应该承担的责任，从法律上约束企业积极参与并且完成社会公益事业。

（三）效益观念

在市场经济竞争日趋激烈的环境下，企业要想得到更好的发展并获取更大的收益，就必须取得和提高经济效益。也就是说，企业必须消耗更短的劳动时间更高效率地达成其生产经营目标。企业需要对人力、财力、物力进行合理调配和更充分利用才能有效节约时间成本，而这要求财务管理方面发挥更大的作用。现代企业在组织财务活动时，以"开源"和"节流"为原则进行财务管理，要求财务管理人员注意企业生产过程中投入和产出的比较，加强对经营活动的全面财务监督。

（四）货币时间价值观念

货币时间价值不是一成不变的，货币的经济价值会因时间变化而改变，因而货币具有了时间价值。一定数额的货币因在不同的时间里经济价值变化产生的差额叫作利息。利息是能够影响市场经济变化的重要经济杠杆，从宏观方面来说，能够带动社会的闲置现金资源用于再生产，扩大市场经济，使资源配置更加合理；从微观方面来说，利息能够刺激企业资金流动，加速资金周转，使企业提高投资效率，获得更多的经济效益。这些要求企业的财务人员在进行财务管理中应对货币的时间价值有更加正确和充分的认知，合理利用货币的时间价值产生更多利息，再根据利息在财务管理中的作用，进一步优化企业资源配置，为企业产生更大的经济效益。

（五）风险观念

现代企业在进行财务活动时，由于各种不确定因素的存在，公司面临着很大的风险。这些不确定因素可能会导致实际财务收益与预期的收益有所偏离，最终使企业遭受经济损失。因此，不确定因素也就成为了企业面临的风险。市场经济的发展加大了现代企业的风险，因为市场经济是一个不断变化的过程，市场上的各种变化都会对企业产生影响。此外，企业内外部环境的变化也会给财务活动带来风险。例如，竞争对手的增加、政策的变化、自然灾害等都可能对企业造成影响。在这种情况下，财务管理人员需要通过多种手段来对企业财务活动的风险进行控制。这些手段包括风险回避、风险转嫁、风险接受和风险分散。风险回避是指企业不进行某些高风险的活动，从而避免潜在的损失。风险转嫁是指企业将风险转移给其他公司或者保险公司。风险接受是指企业认识到风险的存在，但仍选择承担风险。风险分散是指企业将风险分散到不同的项目或者地区。正确有效地实施财务决策需要对风险进行控制。

（六）智能化观念

全球科技的迅猛发展引发了世界性的科技革命，使产业发展发生了极大变革，推动了人类社会的进步。自 20 世纪 90 年代开始，科技革命促进了信息技术高速发展，信息技术具备的网络化、数字化特性带动了计算机相关的产业快速崛起，使人类的生活产生了翻天覆地的变化，更对社会经济产生了极大的影响。各国企业在科技革命的影响下，迎来了新的发展，企业的财务管理在信息技术和信息产业的推动下进行了变革。

在互联网时代下，由于企业之间联合、兼并、收购、重组等原因，一些企业的规模逐渐扩大，甚至产生了巨型企业。这些巨型企业在获得更多生存和发展的机会的同时，也将在全球经济风云变幻时面对更大的风险，受到更大的冲击。跨国企业为了减少分立财务管理产生的不利因素，通常会集中统一管理企业财务，以便于提高企业应对风险的能力。企业的这种做法在以往传统的网络技术下，利用独立计算机和局域网很难做到，而如今企业可以通过较为发达的网络技术很快实现这一需求，极大地减少了传统网络技术下产生的财务决策不及时和资金调整延迟等问题带来的巨额损失。

企业财务管理智能化这一先进财务管理模式的兴起为上述企业需求提供了更好的解决方法。现如今，随着网络技术的发展，财务管理更加先进便捷，更加国际化，跨地区的企业甚至跨国企业能够通过网络技术实现财务管理的统一，跨国企业及跨地区企业的各个子公司或者下属营业单位的财务活动相对独立，由集团总公司通过财务管理平台实时对其进行智能化统一的管理。通过财务管理平台，不仅总企业能够对每个子公司的财务管理进行有效的监管，还便于子公司实时查询对各营业单位的财务情况，即使所处区域不同，各地区的财务管理人员仍可以通过网络分享财务管理方面的信息，并就财务管理问题集结所有人的智慧，及时沟通，共同决策。

1. 财务管理智能化的含义和优势

随着信息技术的不断发展，其技术含量及复杂程度也越来越高，智能化的理念开始逐渐渗透到财税行业。智能化财务管理是由现代通信与信息技术、计算机网络技术、行业技术、智能控制技术汇集而成的针对财务、税务及财务管理应用的智能集合。通过信息化与智能化实现企业对集团的信息与资源共享，对企业的每一个层面进行财务管理，集团总公司能够及时获取成员企业的资源配置情况和财务情况的相关信息，并随时进行监督管理。

智能化财务管理将企业资源与财务活动有机结合，最大限度提升了资源的使用率，极大程度地提高了管理人员的工作效率。智能化是企业财务管理的重要手段，而智能化财务管理的基础是企业管理的信息化和网络化，离开了大数据信息和互联网，智能化财务管理也就失去了依托。

智能化财务管理既然可以成为时代发展的主旋律，必然有其独特的优势。

（1）大数据优势

业界将其归纳为 4 个 "V"，即 Volume、Variety、Value、Velocity。大数据优势指的是通过互联网平台，传递数据的体量更大（Volume）；数据类型更多（Variety），包括视频、图片、地理位置、网络日志等信息；价值密度更低（Value），以视频为例，连续不间断监控过程中，可能有用的数据仅仅有一两秒；数据的传递速度更快（Velocity），1 秒定律。长期以来，投资项目的相关信息受地域因素影响较为分散，加上传统的信息收集方式比较落后，导致投资者无法收集到较为全面的信息，进而无法做出最佳投资决策。而当下，由于网络技术被广泛应用，投资者可以通过网络收集到各个时期各个地点出现的有关于投资项目的各种信息，利用大数据筛选出自己需要的部分，最后利用科技手段智能化决策。

（2）成本优势

在传统环境下，企业在扩大规模时常常会在各个地区建立许多分公司或营业单位，在各个分公司和营业单位设立各个独立的部分，分公司与分企业、分公司与总公司之间存在沟通不方便和消息传递不及时的问题，无形之中增加了企业的成本。在当下网络技术比较发达的环境下，智能化财务管理平台逐渐被这些跨区域企业广泛应用，总公司与分公司、分公司与分公司之间都可以通过智能化管理平台互通信息，及时沟通，总公司可以通过网络在智能化管理平台了解各个分公司的财务情况，能够更加高效地监督控制各个分公司的财务管理。因此，企业的财务管理成本和沟通成本都大大降低，智能化财务管理具有更大的成本优势。

（3）时空优势

传统的财务活动在进行时非常受地域限制，在进行财务活动时，仅支持线下一对一交流的形式，企业进行财务管理非常不方便。而智能化财务管理很好地解决了这一问题，智能化财务管理平台的优势就在于不限时间和地点，通过网络就可以随时随地进行财务活动，既方便了客户，又为企业进行财务管理提供了便利。

（4）效率优势

对于企业来说，时间就是金钱。企业使用传统的方法收集投资项目的信息时，需要浪费大量的时间、精力和财力，才能做出最佳的投资决策。随着网络技术的进步，企业分析信息并做出最佳的投资决策可以利用智能机器人来实现，不仅提高了投资者的工作效率，也使得决策更加准确。

2．智能化财务管理观念的现实意义

（1）有利于提高工作效率

大型企业的下属单位直接使用企业总部提供的规章制度、管理规范以及各项设施，有利于树立企业的整体形象，保持整个企业统一规范。这样的做法会为企业的管理带来方便，能够使大数据自动按照条件获取、归类并总结，从而更加方便地从各种角度、各个方向进行分析和对比，以提高工作效率。智能化财务管理系统能够很好地适应企业的内部框架结构，使企业进行内部管理时更加便捷。企业总部还能够通过智能化财务管理平台及时了解下属单位的财务状况，对现在的经营情况进行智能分析，整体把控企业的发展。智能化财务管理通过网络将各个下属单位集合起来，将各个下属单位的财务信息透明化汇集到总部，极大地提高了总部处理财务管理问题的效率，为总部做财务管理决策提供了极大的方便。

（2）使得网络智能办公模式成为现实

财务管理信息系统依据企业的组织结构将企业的全部财务数据信息储存在云端，实现了数据的统一管理。企业的财务人员可以随时随地通过这个系统查询财务信息，财务人员办公更加便捷。此外，通过网络，财务管理平台实现了财务管理人员和企业其他部门在线实时交流，将智能办公模式变成现实，为企业下一步的财务管理活动打下了坚实基础，为企业的发展提供了一个非常重要的平台。

（3）充分发挥事前和事中控制职能

传统的财务管理模式是企业财务人员根据企业在一段时间内的生产经营活动编制出财务报表，再对报表进行分析，这样的信息往往不够连贯，甚至不够全面，导致财务人员无法对企业的财务管理做出准确预测，更无法在企业生产经营过程中及时发现问题并尽早控制，只能对一些已发生的事故做事后的弥补，很不利于企业的经营和发展。而如果利用大数据的信息化与智能化，企业总部可以随时通过云端的大数据财务信息，及时了解各个下属单位的各种财务信息，包括资金情况、销售情况、收入情况及利润情况，并对这些信息进行实时传递和处理，及时发现下属单位经营过程中出现的问题，提供更加科学合理的解决方案，降低企业整体风险，实现了事前和事中控制。

（4）提高了财务人员的综合素质

企业通过网络建立了企业内部的云平台，提高了对财务人员的技能要求。财务人员不仅需要掌握专业的财务知识，还要学习互联网应用、云技术等相关知识，熟练操作计算机，并将财务活动与网络技术结合起来应用到工作之中，使财务人员的综合素质得到了提升。而单纯从事计算机工作的人为了在工作中提升自己，也通过学习掌握一定的财务知识，并根据所学的财务知识将智能化财务管理平台建设得更加智能化、人性化，使财务人员从大量复杂的计算、编制财务报表等日常工作中解放出来，将更多的精力投入企业财务管理决策工作中，为企业创造更大的经济收益。在互联网时代，财务人员的综合素质越来越高，企业出现了越来越多的复合型人才，这些人才使企业在互联网时代获得更大的竞争优势。

3. 实现智能化财务管理的措施

互联网、大数据、云技术等对生产、生活等很多方面都产生了很大的影响，因而推进我国企业的财务管理智能化建设十分必要。

（1）健全财务管理平台安全策略

无论是财务系统的内部还是外部，都存在着各种影响其安全性能的因素。为此，企业应采取专业的技术手段，对整个财务系统进行严格的监视，建立多层次的综合保障体系，避免系统出现网络故障或遭受网络攻击使企业蒙受巨大损失。企业还应对财务人员进行培训，增强财务人员的安全防范意识，使财务人员了解相关法律，并以遵守相关法律法规为原则进行财务工作。此外，财务人员在日常传输信息过程中应加以防范，严防信息泄露。

（2）增强智能化财务管理的意识

智能化财务管理的意识要求企业的财务人员敢于解放思想，与时俱进。传统的企业财务管理是以人工为主，每一次企业的财务管理发生变革时，都会使财务人员的工作内容发生巨大改变，往往使财务人员苦不堪言，但在每一次的改革过后，财务人员的专业程度更高，大大提高了财务管理工作的效率，尤其是进入互联网时代以后，网络科技加快了财务管理发展的速度，使财务管理越来越现代化、智能化，只有企业和财务人员增强智能化财务管理意识，才能使财务管理工作越来越高效，从而为企业带来新的机遇和挑战。

（3）健全网络财务管理法律法规建设策略

国家应明确规定企业财务人员应尽的义务与应该承担的责任、财务信息的标准和要求，以及监督机构的权利等；应尽快建立和完善电子商务法规，加大对网络犯罪的打击力度，为电子商务的顺利进行和网络财务信息系统的正常运作提供一个安全的外部环境。

（4）健全网络财务技术人才策略

我国向来注重素质教育，重视人才培养，而随着财务管理的智能化发展，高等院校财会专业的教学内容越来越无法满足社会的需要，在高等教育课程中加入智能网络技术教育势在必行。为此，我国高等院校应根据社会发展加快目前财会教育体制改革速度，及时更新教学内容，积极调整教育方法，将教学重点向实践和操作方向转移，为社会培养素质更高的网络财务技术人才。

第二节 现代企业财务管理的理念创新

企业在经营发展过程中积累了大量的管理经验，但这些经验并不能完全应对市场经济和社会环境的变化。因此，为了适应这一变化，原有的财务管理理念做出了相应的战略调整和创新，形成了新的财务管理理念。这种新的财务管理理念升华了企业的竞争机制，使企业发生了质变。企业在进行财务管理理念创新时，应将管理手段与各种生产要素相结合，从而优化企业的资本结构，推进企业未来的发展。虽然财务管理理念创新能够更快、更好地适应市场的变化，但应用在企业实际的生产经营过程中时仍会出现很大的问题，因而没有被企业普遍接受。一些企业因无法快速完成财务管理理念转变而无法适应市场的变化而被淘汰，因而及时转变和创新财务管理理念对企业当前生产经营乃至未来发展都有深远影响。

一、企业财务管理理念的现状

（一）创新型管理理念的实施相对困难

在市场经济环境瞬息万变及经济体制深入改革的影响下，企业也应完善其财务管理制度，这样才能使企业适应社会的发展。但是，由于缺乏有效的理念指导，在企业领导所提出的新型管理理念中，有一部分虽然对企业的发展大有益处，但在决策执行过程中却发现其无法完全与企业实际的生产和发展相结合，实施起来相对困难，执行效果大打折扣。

（二）财务管理人员没有树立创新意识

随着科技的快速发展，网络技术被广泛使用，企业的财务管理在网络技术的影响下发展出了计算机会计。计算机管理软件的运用不仅能使原本庞大、冗杂的数据被精准、快速地整理出来，还从传统的财务管理中解放出了大量人力资源，使财务管理工作变得更加便捷、高效。现代财务人员通过计算机进行财务活动，不仅提高了计算速度，还比人工财会计算更准确。但是，目前仍有很多财务人员不愿放弃传统的财务管理方法，没有树立财务管理创新意识，不能积极接纳新技术，导致其无法熟练操作财务管理软件，致使这些先进的技术手段无法正常发挥作用，不能提高企业财务管理水平。另外，企业领导只负责引进先进设备，对于人员的技术和管理理念培训没有相应的跟进，缺乏长远的发展规划和指导管理，导致财务人员的管理理念滞后。

二、企业财务管理理念的创新因素

（一）法律法规的统一要求

企业在进行财务管理活动时所涉及的法律法规主要有《中华人民共和国会计法》《中华人民共和国公司法》及《中华人民共和国合同法》。企业以新会计准则为依据，进行会计核算。法律法规在新的社会发展时期对企业的财务管理提出了新的要求，要求会计核算理念所依据的相关条例能够适应企业与社会的发展节奏，规范会计处理过程。

（二）会计处理方式的需要

会计处理是企业财务管理的重要组成部分，它包括四个环节：会计确认、会计计量、会计记录和会计报告。会计核算要求真实且准确，对会计工作人员提出了较高要求。这意味着会计工作人员必须具备专业的技能和知识，以确保财务报表的准确性和完整性。

会计核算对企业的健康有序发展意义重大。它可以帮助企业了解自己的财务状况，制定合理的财务计划和决策，并及时发现和解决财务问题。同时，它也可以为企业的投资者和其他利益相关者提供有关企业财务状况的信息，以便他们做出正确的投资和决策。

在互联网的高速发展下，财务管理理念应该得到更新，注重应用新会计准则。这是因为新的会计准则可以更好地反映企业的财务状况，减少财务报表的误差和歧义。因此，企业应该及时了解和应用新的会计准则，以确保自己的财务报表符合最新的会计要求。

此外，相关人员应对当前的会计核算工作进行升级与完善，以保证会计处理方式应用的合理性。这包括提高会计工作人员的专业素养和技能，加强内部控制和风险管理，以及完善财务报表的披露和公示机制。只有这样，企业才能够在激烈的市场竞争中取得优势，实现可持续发展。

（三）基于实用性原则

追求经济利润的最大化是企业发展经营的根本目标，无论是各种规章制度的完善，还是生产技术和网络技术的进步，或是财务管理理念的革新都应贯彻这一目标。企业财务管理理念应依据讲求实用的原则进行创新，使企业在发展经营中获得更大的经济效益。市场经济与网络技术都在飞速向前发展，市场竞争愈加激烈，企业只有基于实用性原则做好财务管理工作，才能保障各项生产经营活动顺利开展下去。因此，无论企业财务观念理念向何种方向转变，都必须遵循实用性原则。

三、企业财务管理理念的创新措施

（一）加强财务管理意识，激发理念创新热情

在现代企业中，要想提高企业的经营效率，就必须要有创新的意识。目前，仍然有一些企业的管理人员和会计人员，在传统的工作方法的影响下，他们的思维已经变得僵化，难以接受新的管理方式，不能对财务管理思想进行创新。目前，我国企业普遍存在着资金短缺等问题。为了企业更好地发展，企业领导人员必须采取措施，如定期开展培训、完善激励制度、将财务人员的工作效率和绩效考核相挂钩等方式，转变财务管理人员的传统财务管理理念，督促财务人员接受新的财务管理理念，学习新的财务管理方法，提升管理能力，在复杂的市场环境中把握经济发展趋势，使企业在日趋复杂的市场竞争中获得更长远的发展。

（二）培养高素质管理人员，提升信息化管理水平

企业对传统财务管理理念进行改革时，会发现一些财务管理人员有财务管理软件操作不当的现象。因此，为了适应新时代的发展，创新企业财务管理理

念，实现更为高效的财务管理，企业应尽快组建出一个技术水平高、专业能力强且具备良好综合素质的财务管理团队。企业领导应密切关注行业动态，对先进的企业管理理念进行吸收借鉴，还应与时俱进，关注新兴的财务管理技术和设备并对企业内部的财务管理设备进行及时的更新和优化。信息化的财务管理，重点是对会计的审查与执行，随着当前会计电算化的普及，企业的会计信息化程度不断提升，这就需要对信息的管理与控制有更高的要求。因此，要确保会计资料的安全与准确，应由专人负责会计资料的维修与管理，确保会计工作的顺利进行。企业通过构建健全的信息管理体系，可以很好地预防企业在财务管理工作中存在的一些缺陷，从而促进了整体的会计业务过程的顺利进行。

（三）转变企业理财观念

在企业的生产经营发展过程中，正确的理财尤为重要，做好企业的成本管理是企业进行理财工作的基础，因而企业应树立科学的成本管理观念，对成本进行系统的管理。一方面，企业应加强对生产过程的成本管理，包括其生产过程中产生的成本、产品的市场分析成本和经营成本等；另一方面，企业应对成本管理的内涵有更充分的认识，如人力资源成本、时间资源成本、环境成本、资本成本及知识成本等，在了解认识中逐渐提高企业财务人员的成本管理意识，使企业财务人员通过了解这些成本的来源、构成要素、特征及表现形式等方面，对理财有更深的认知，从而为企业做出更科学的财务管理决策，使企业可以更高效率地利用企业资源进行更科学的理财，为企业争取更多的经济效益。

四、企业财务管理追求的创新理念

（一）"零存货"理念

1. "零存货"的含义

在现代财务理论中，有一种先进的财务理念被称为"零存货"。这一理念的来源可以追溯到日本首创的适时制（Just-in-Time，JIT）。适时制下的生产系统是一种"需求拉动型"系统，企业以顾客订货所提出的有关产品数量、质量和交货时间等特定要求作为组织生产的基本出发点。在适时制下，企业在供应、生产、销售的各个环节紧密相扣，尽可能实现"零存货"。这意味着企业只需按照顾客的需求进行生产，减少生产的过程中所需要的存货，以此来提高资金的利用效率，提高企业经济效益。

"零存货"理念的实现需要企业在多个方面进行改进。首先，企业需要加强对供应链的管理，确保供应商按照合同约定的时间和质量要求供货。其次，企业需要优化生产流程，尽可能地减少生产过程中的浪费和库存。最后，在销售方面，企业需要做好市场调研工作，及时掌握市场变化，确保产品的销售量和销售收入。除此之外，"零存货"理念的实施还需要企业在管理、技术、人员等方面全面提升，但一旦实现，将会给企业带来重大的经济效益。企业将能够更好地满足顾客的需求，提高产品的质量和交货时间，并同时减少库存和浪费。这将提高企业的资金利用效率，增加企业的利润和市场竞争力，为企业的可持续发展提供更为坚实的基础。

2. "零存货"管理的理念

实施"零存货"管理的思想，要求企业供应、生产、销售等各部门必须实行统一计划，精心安排和合理配置企业的相关经济资源，实现均衡生产。

（1）领会"零存货"管理思想，各部门协调合作

目前，很多企业领导及员工缺乏对"零存货"管理的正确认识，仍固执地囤积大量存货作为企业的资产和财富的象征。但是，存货极易存在陈旧过时、积压变质以及流动性差等的缺陷，使得固定囤积存货必然造成企业资金紧张、财富贬值，因而领会互联网时代的"零存货"管理思想并付诸实践成为解决这一问题的有效手段。

企业在管理过程中各职能部门为了增强自身部门应对市场变化的能力，更为了帮助企业争取更多的收益，一般会保证存货的数目维持在一定水平，尤其是销售部门通常需要较高的产品存货数量，确保库存商品齐全以满足各种客户的需求，也避免因商品短缺而造成生产和销售损失。生产部门在进行生产时，通过一定数量的产品和材料存货进行大批量的生产产品，这样不仅能够降低生产时产生的各种成本，还可以避免因材料短缺引起的生产延误。采购部门也希望保持较高

的原材料存货水平，大量地采购原材料能够节约很多采购和运输成本，还能避免原材料中断供应导致生产进度被迫减缓甚至暂停。财务部门希望存货的资金占用越少越好，它们要确保企业资金的有效利用，避免因存货货款的占用而造成机会成本损失。由此可见，企业内部各个职能部门由于自身管理的需求对存货水平的要求相互矛盾。因此，存货的管理需要销售、生产、采购、财务等各部门的密切配合、相互协调，以达到企业总体优化，使企业获得最大利益。

（2）设置生产统筹职位，实现生产多样化、智能化

企业在生产经营过程中，有些客户购买产品前会提前下单，有些客户下单却有很多不确定性。因此，为了更好地实施"零存货"管理，可将客户需求进行分类，分为通用产品的需求和专用产品的需求。专用产品的客户一般都会提前下达订单；而通用产品通常没有很确定的订单，企业销售部门仍然需要预测。为了协调销售部门与生产部门、供应部门之间的沟通，企业可以设置生产统筹岗位或者设置生产统筹部门，统筹专员根据订单和市场预测的需求，随时了解和督促采购部门的采购活动，适时调整销售计划，每周末提交下周的交货安排，当出现供应商无法及时供货等突发因素时，立即与客户协调产品的交货期，同时通知生产部门调整原来的生产计划。同时，企业还应将该供应商列入密切关注名单，并且及时增加新的供应商。生产统筹专员的协调避免了供应、生产和销售部门的严重脱节问题，成为"零存货"管理的关键。

此外，随着互联网的发展，企业应尽量实施智能化生产，这样不仅能够提高生产效率，解决市场的大量供货需求，还能使生产出的产品品质统一，有效减少传统人工生产中产生的残次品，使整个生产作业流程更加顺畅。因此，企业的各个部门应普及大数据、云技术等高新技术手段，优化生产过程，并根据各个时期各个地区不同的市场需求，设计出最科学的生产方案，实施监管生产经营的每一个环节，以保证生产经营的顺利进行。

（3）建立稳定可靠的大数据购销网络

采购部门应建立稳定的采购网络，比较各厂家进货价格、质量、规模、运输条件等，明确采购地点、采购对象或品种，广泛了解所需各种原材料、燃料、半成品、在产品、低值易耗品等的供应商资质等级、供货地址等详细信息。同

时，采购部门充分利用互联网时代的大数据、云技术的优势收集、识别、处理、审核并确定相关信息，与供货商保持长期稳定的合作关系，保证供货商能及时为企业提供充足的原材料等存货。"零存货"管理要求企业以市场为导向，根据销量决定产量，企业可以利用大数据技术对不同时间各个区域的市场状况进行追踪观测，实时监测各个市场的销售实情，制定相应的营销策略以提高企业的市场竞争力，并根据销售情况积极开拓销售渠道，增加销量，制定合适的生产计划，避免产量不足供不应求失去市场先机，更要避免产量过剩造成积压浪费。此外，企业还要注重销售环节信用制度和信用政策的制定，减少收账成本，加速资金回收，提高资金使用效率。

（二）"零营运资本"理念

1. "零营运资本"的概念及理论依据

"零营运资本"是一种极端的营运资本政策，它通过严格而科学的存货管理、信用管理实现。这种政策的核心是追求"零存货"，通过压缩存货和应收账款，减少资产不必要的占用，提高企业的经济效益。其理论依据在于提高营运资本的周转速度。"零营运资本"是"零存货"的进一步扩展，它的目的是减少应收账款和存货，将占用在这些方面的资本解放出来。这种政策要求企业在存货管理和信用管理方面都要更加严格和科学，以确保资金的充分利用和周转速度的加快。

实现"零营运资本"需要企业具备先进的管理理念和管理技术。企业必须要根据市场需求和生产经营状况，科学地制定存货和应收账款的管理策略，以保证企业的资金流动性和经济效益。企业可以通过优化供应链、加强风险管理、提高供应商的信用度等方式来实现"零营运资本"。"零营运资本"对于企业的经济效益有着显著的提升作用。它可以缩短企业的现金周转周期，降低资金占用成本，提高企业的盈利水平。同时，它还可以提升企业的市场竞争力，增强企业的持续发展能力。

2. "零营运资本"的作用

"零营运资本"的理念相当于利用了财务杠杆，体现了以较少的营运资本取得较大的收益。"零营运资本"的这种杠杆作用具体为以下几个方面：第一，追求"零营运资本"可以促使企业加强应收账款的管理，使企业积极制定应收账款信用标准和信用政策，严格收账制度，确保应收账款加速收回而避免坏账的发生，确保资金周转畅通；第二，追求"零营运资本"可以促使企业加强存货的管理，使企业加速存货的周转，减少存货周转时间，避免因存货过时、滞销、积压、浪费等占用资金，节约开支的同时增加企业经济效益；第三，追求"零营运资本"可以促使企业提高营运资本的周转速度，使占用在应收账款和存货项目上的资金解放出来，用于互联网技术、无形资产、智能创新以及生产经营再投资等，以此提高企业的经济效益；第四，追求"零营运资本"可促使企业资金投入更精准、生产能力更强、销售收款速度更快，加速企业的循环周期，促进企业设备以及产品的更新换代，以适应互联网时代的市场竞争，这样既巩固了老客户，又赢得了新客户，从而增加了企业的利润额。

（三）"零缺陷"理念

质量是产品的命脉，从根本上影响着企业的发展。随着社会的快节奏发展，产品种类极其丰富，人们也有了更大的选择空间，因而需要企业在激烈的竞争中努力提高产品质量，把好质量关卡，才能取得更长远的发展，获得更多的经济收益。而产品质量的提升势必影响生产成本费用的变化。现代的产品与传统产品相比结构更加复杂，制作更加精密优良，质量更加可靠，制造成本也更高，企业的负担日益加重。"零缺陷"理论认为产品的质量只与其制造过程有关，不受检验的方式影响。产品的质量与成本之间也存在着一定的数量依存关系。一般来说，在生产过程严谨无误的情况下，生产时所付出的成本越高，所生产出的产品质量越好的可能性越高。因此，企业为了在成本不变的情况下更大程度地提高产品质量，应权衡生产标准，提升生产水平，监督生产环节，做好生产过程管理。在财务管理中引入"零缺陷"管理理念，有利于从根本上降低成本、节约资源。

（四）"零污染"理念

随着社会的发展，人类的环境保护意识也日渐增强。在全球范围内，环保运动在全球范围内如火如荼地展开。所以，每一个企业都要根据有关的法律法规和道德标准，对环境保护的发展作出反应；并根据自己的长远利益和社会发展的需要，我们要和整个社会一道，共同保护和修复生态环境。"零污染"已是当今世界各国企业在环保方面所追求的一个重要的发展方向。

近年来，环境保护成为全球发展的重要议题，各国政府与企业也开始注重环保和可持续发展。其中，"零污染"理念是一个完整的环境战略管理系统，以可持续发展为基本原则。零污染理念要求企业在各个方面和环节中融入环境因素，从产品研发到废弃物处置都要考虑环境影响。这种理念不仅仅是企业的责任，更是企业与社会共同发展、共同进步的决心。推行"绿色采购"和"清洁生产"技术是实现零污染理念的重要手段。通过这些技术，企业可以实现绿色供应链和减少废弃物产生量，为环境保护和可持续发展做出贡献。除了推行技术手段，企业还需要对顾客使用产品过程产生的环境污染进行治理并尽可能回收相关废弃物，提高顾客和社会的满意度。企业应该在生产、销售、服务等方面全面考虑环境因素，从而实现零污染的目标。

"零污染"理念的推行体现了现代企业对环境更加负责的态度，表现了企业与社会同发展、共进步的决心。这种理念不仅仅是企业发展的需要，更是社会和谐发展的需要。只有企业和社会共同努力，才能实现环境保护和可持续发展的目标，为人类未来提供一个更加美好的世界。

（五）"零起点"理念

"零起点"理念来源于管理会计中的零基预算，零基预算的全称为"以零为基础编制计划和预算的方法"，指在财务人员进行编制预算时，不考虑以往的财务情况，以零为基础计算各种项目开支的费用数额，从根本上分析各项预算的支出是否必要，并对必需的项目预算计算出支出数额。这种预算使企业以成本和效益为基础对企业的生产经营状况进行分析，重新调整各项管理活动，根据各项管理活动的重要程度进行资源和资金的分配。零基预算使企业更重视其当下的发展状况和未来的发展方向。

零基预算作为一种全新的预算管理方式，与传统预算相比，零基预算不受现行预算的约束，而是从零开始逐项分析和核算各项支出，以达到更加精准、高效的预算管理目的。首先，零基预算能够客观分析各部门资金使用情况。传统预算往往只是在现有预算的基础上进行调整。通过这种方式，企业可以更加客观地分析各部门资金使用情况，避免浪费，提高资金使用效率。其次，零基预算可帮助费用管理人员更方便地监管资金流动情况，促进精打细算，节约资金。传统预算往往只能控制整体的预算支出，而无法精细地控制每个预算项目的支出。而零基预算则需要对每个预算项目进行重新评估和审查，以确定其真实的需求和必要性，从而实现更加精确的预算管理。另外，在互联网时代，零起点的内涵不断扩大，并将延伸到企业管理的各个角落。以"零"为起点的作业流程可以使企业脱胎换骨，促使企业管理者从全新视角审视各项工作。这种全新的管理方式，能够帮助企业更加高效地管理资源，提高生产效率，提升企业的竞争力。最后，"零起点"的竞争战略将会越来越受到企业管理者的青睐，特别是在经济环境剧变和市场竞争加剧的情况下。零基预算作为一种全新的预算管理方式，能够帮助企业更加精细地管理预算，提高资金使用效率和竞争力，成为企业发展的重要战略工具。因此，企业管理者应当更加积极地推行零基预算管理，以适应市场和经济环境的变化。

综上所述，各个企业在当今时代背景下将"零"看作财务管理理念方面新的追求，这样的发展方向能够使企业在市场上拥有更强的竞争能力，获取更多的经济效益。

第三节　现代财务管理信息化理论基础

一、企业信息化发展

企业信息化本质上就是把企业的全部经营流程和管理流程都数字化、网络化，利用各种信息系统和网络加工，产生新的信息资源，向各级人员开放，让他们能够洞察和观察各种动态的商业活动中的各种信息，从而使他们能够更好地进行最优的配置，能够在市场的快速变化的竞争中获得最大的收益。

（一）企业信息化总体框架

企业信息化总体架构是企业信息化建设的基础和核心，它包括企业业务架构、信息架构、应用架构和网络基础设施架构。这四个架构相互依存、相互配合，构成了企业信息化的整体架构。架构由架构、方法论和工具三个框架元素组成。架构是对整个系统的结构和关系进行描述和设计，是整个信息化建设的蓝图。方法论是实现蓝图的方法和计划，包括各种规范、标准和方法。工具是实现蓝图所使用的工具，包括各种软件和硬件。架构设计是一个技术复杂的过程，需要多方面综合交叉的设计。在这个过程中，需要考虑到企业的业务需求、技术发展趋势、信息安全、成本控制等多方面因素。因此，架构设计需要涉及到企业的各个部门和领域，需要进行全面的调研和分析。架构框架理论提供了一个系统的指导，帮助实现架构设计的推进和目标的达成。架构框架可以让企业在信息化建设中更加有效地进行规划和管理，提高信息化建设的质量和效率。同时，架构框架也可以帮助企业在信息化建设中避免一些常见的错误和风险。

1. 总体架构框架理论

① Zachman EA Framework，又称为（Information System Architecture，ISA），由美国学者 John Zachman 集自己 27 年 IT 行业从业经验于 1987 年提出，其把企业信息化架构划分为 5 个层次，6 个维度。

② Federal Enterprise Architecture Framework，简称 FEAF，即美国联邦实体体系结构框架，其定义了一个 IT 企业架构作为战略信息资产库，定义了业务、运作业务所必需的业务信息、支持业务运行的必要的 IT 技术、响应业务变革并实施新技术所必需的变革流程等要素。

③ DoD Architecture Framework，简称 DoDAF，是美国国防部体系架构框架。

④ The Open Group Architecture Framework，简称 TOGAF，是欧洲共同体开放工作组体系结构框架。

2. 业务架构

在当今信息时代，企业如何有效地进行信息化是一个重要的问题。而业务架构作为企业全面信息化战略和信息化体系架构的基础，成为了企业信息化不可或缺的一部分。业务架构是应用、数据、技术架构的主要决定因素，它将高层次的抽象的业务目标转换成可操作的简单明晰的业务模型，从而使企业能够更好地进行业务设计和流程管理。

业务架构可以针对企业整体业务，是企业关键业务战略及其对业务功能和流程的影响的具体表达。它通常是在业务模型的基础上实施的业务设计。通过业务架构的设计，企业可以更好地了解自身的业务模块和它们之间的关系，即业务的主要流程，从而更好地进行业务流程的管理和优化。

在业务架构的设计中，不同视角展现的业务模块和它们之间的关系是非常重要的。这些视角可以包括业务流程、业务事件、业务规则等。通过这些视角的分析，企业可以更加深入地理解自身的业务模块和业务流程，从而更好地进行业务优化和流程改进。

综上所述，业务架构作为企业信息化的基础和关键因素，对企业的发展和竞争力具有重要的影响。通过业务架构的设计和优化，企业可以更好地进行业务流程管理和优化，从而提高企业的效率和竞争力。

3. 信息或数据架构

信息或数据架构是从总体看整个企业的信息流结构和数据资源，包括数据的分类和定义、企业信息模块和模型。包括定义数据管理和维护的策略、原则，企业数据模型的建立方法，数据标准和格式、数据字典，数据的采集、存储、转换、发布、传输等。

4. 技术架构

技术架构是在业务架构基础上提供的框架，为开发不同业务部门和领域的解决方案提供基础。技术架构包括从政策到技术标准化、选择和组件等技术方面的内容，是单一和整体系统的技术实现。

在技术架构方面，需要考虑技术标准的制定和执行、技术组件的选择和集成、技术框架的设计和优化等方面。同时，还需要考虑未来技术的发展趋势和变化，以及如何将新技术应用于企业信息化建设中。

5. 应用架构

应用架构是支持关键业务的主要应用系统，包括功能模块、应用范围、应用之间的关联关系、分布模式、接口定义和数据流向等方面。应用架构的设计需要基于业务需求和技术架构的支持，以确保系统的可靠性、可扩展性和易维护性。

在应用架构方面，需要根据业务需求和技术支持，设计出合理的应用系统架构和模块划分，以及合理的数据流向和接口设计。同时，还需要考虑系统的可扩展性和易维护性，以确保系统的长期稳定运行。

6. 基础设施

基础设施是对整体架构的物理实现，包括硬件、软件操作系统、数据库系统，网络系统等企业数据和应用程序可以运行的环境，同时要满足企业的数据量、用户数、反应速度、在线率等要求。

（1）组件

组件是指某一个系统模块、IT 产品、技术标准、规范的 IT 服务等，能够提供一项或者几项系统技术功能的最小单位。通过对组件的应用和组合，就可以建立起庞大、复杂的信息系统及应用服务。组件是现有的，按照标准的规则组成了通用的信息应用系统，包括总体架构中的数据层、应用层、中间件层、渠道层等。

（2）方案

方案是指能够完成某一个或者某一类业务的子系统，或子系统的模型。在总体架构中，方案是一个标准化的子集，在企业总体架构中占有重要的地位。方案可以在企业中成功实施并且十分稳定地提供某一方面的功能，使用面向对象的方法，使开发和部署更加方便、风险更低和便于维护。

企业信息化总体架构有几种形式，即集中式、联邦式、分布式和虚拟式。集中式适合单一的复杂大型组织和企业；联邦式适合有总公司和数家分公司的企业集团；分布式适合多个法人代表的企业，其在地理上跨多个国界和区域，需要共同搭建总体架构，但是用在不同的业务领域。我国的企业有自己的内部特性和外部环境，可以设计出适合本企业的信息化总体架构，即首先要分析企业信息化总体架构的现状和企业的未来目标，还要考虑所在行业的特点，能够最佳地采用企业现有的管理、技术和应用系统资源，还要充分考虑企业业务运营的连续性和无干扰性。

（二）企业信息化的发展历程

企业信息化建设是一种重要的管理方法，其核心是将现代信息技术与科学管理方法相结合，对企业进行全面整合，从而提高企业的经济效益和管理水平。在进行企业信息化建设之前，需要清晰地定义研究对象，明确逻辑思路，以确保能够有效地解决问题。

理性化思维是企业信息化建设成功的关键。在企业信息化建设过程中，需要考虑到多方面的因素，如企业规模、业务流程、组织架构等，只有通过理性的思维方式，才能够做到科学合理地进行规划和决策。

企业信息化与企业信息化建设虽然本质上是一致的，但是在实质上却存在着一定的区别。企业信息化是指利用现代信息技术对企业的业务流程进行改进和优化，以提高企业的经济效益和管理水平；而企业信息化建设则是指在企业信息化的基础上，通过科学管理方法和现代信息技术的应用，对企业的管理进行全面整合，以实现更高水平的经济效益和管理水平。

在企业信息化建设过程中，需要注重科学管理方法和现代信息技术的应用。科学管理方法可以帮助企业进行更加有效的规划和决策，以确保企业信息化建设的顺利进行；而现代信息技术则可以为企业信息化建设提供更加先进和高效的工具和手段，从而实现更高水平的经济效益和管理水平。

1. 生产过程控制的信息化

随着科技的不断发展，生产过程控制的信息化已经成为控制技术自动化的发展和升华。特别是对于制造类型企业，尤其是批量生产流水线作业方式，信息化已经成为关键的环节。而为了实现对生产全过程的监测和控制，综合利用自动控制技术、模拟仿真技术、微电子技术、计算机及网络技术已经成为必不可少的手段。

在生产过程控制的信息化中，重点是对产品开发设计、生产工艺流程、车间现场管理、质量检验等各设计、生产环节进行全方位的监测和控制。而在实现这一目标的过程中，计算机辅助设计（Computer Aided Design，CAD）、计算机辅助制造（Computer Aided Manufacturing，CAM）、辅助工艺设计（Computer Aided Process Planning，CAPP）等具体应用也变得越来越重要。

通过这些信息化手段，企业能够更好地管理生产过程，提高生产效率和产品质量，从而实现更高的经济效益。同时，生产过程控制的信息化也能够提高企业的竞争力，使其在市场竞争中更具有优势。因此，生产过程控制的信息化已经成为企业发展的重要趋势，企业应该积极拥抱这一趋势，加强信息化建设，提高自身竞争力，实现更加可持续的发展。

2. 企业管理的信息化

企业管理信息化建设是目前全球范围内最具挑战性的领域之一。它涉及到企业各项业务和各个层面，难度之大让许多企业望而却步。然而，在信息化时代，只有实现信息化建设，才能更好地提高管理效率和竞争力。

为了实现企业管理信息化建设的目标，许多企业开始采用信息集成应用系统。这种系统通过整合各种信息，实现了管理信息的实时动态提供，从而提高了管理效率和决策效果。

在企业管理信息化建设中，常见的形式包括事务处理系统、管理信息系统、决策支持系统和企业网站。这些系统不仅能够帮助企业实现信息化建设，而且能够实现企业信息化建设的目标。

此外，办公自动化和文档管理也是企业管理信息化建设中非常重要的内容。通过这些系统的应用，企业可以更好地管理办公流程，提高工作效率和效益。

然而，企业管理信息化建设需要大量的精力和资源投入。企业需要根据其实际情况来制定信息化建设计划，并严格按照计划执行，才能实现信息化建设的目标。只有这样，企业才能在信息化时代中保持竞争力，取得更好的发展。

3. 企业供应链管理的信息化

在现代市场经济下，制造业生产已经不再是孤立、封闭的模式。相反，企业形成由上游供应商、中间生产者和第三方服务商、下游销售客户组成的供应链。这种供应链模式的出现，使得企业的生产和销售环节更加紧密地联系在一起，企业从而可以更好地满足市场的需求。

然而，企业供应链管理的信息化是制造企业的重要组成部分。通过信息化管理和协调供应商、第三方服务商以及客户，制造企业可以将内部管理和外部的供应、销售、服务整合在一起。这有助于企业更好地了解市场需求，提高生产效率，降低成本，提高产品质量，加强服务能力，从而提高企业的市场应变能力。

传统的供应链管理方式存在一些问题，比如信息不对称、流程不透明等，这些问题会影响企业的生产效率和市场竞争力。因此，利用技术资源对供应链进行信息化管理和协调，成为了企业提高市场竞争力的重要手段。

信息化管理和协调在供应链中的应用包括以下方面：第一，实现供应链上各个环节的信息共享，包括需求计划、采购计划、生产计划、物流计划等。第二，优化供应链的流程和效率，包括供应商管理、物料采购、生产调度、产品配送等。第三，提高供应链的服务能力，包括售后服务、客户关系管理、客户反馈等。

总之，信息化管理和协调是企业供应链管理不可或缺的重要组成部分。通过信息化管理和协调，企业可以更好地了解市场需求，提高生产效率，降低成本，加强服务能力，从而提高企业的市场应变能力。这一趋势已经成为制造企业提高市场竞争力的必由之路。

（三）企业信息化组织建设及硬件设施配套

随着信息化时代的到来，企业的信息化建设已经成为企业发展的重要战略之一。在信息化建设中，如何保证企业信息系统的正常运行和安全可靠是企业首要考虑的问题。为了实现这个目标，企业可以从多个方面入手。

首先，企业需要关注信息系统的高效稳定等方面。这涉及到信息系统的设计、建设、运维等多个环节。在设计阶段，企业需要根据自身的业务需求和发展战略，制定出一套完善的信息系统架构，确保系统的可扩展性和可维护性。在建设阶段，企业需要选用高质量的硬件设备和软件系统，确保系统的性能和稳定性。在运维阶段，企业需要建立完善的监控和管理机制，及时发现和解决系统故障，保证系统的正常运行。

其次，在硬件设施配套方面，企业需要特别注重服务器性能、存储设备容量、备份与恢复机制等方面的完善。服务器是信息系统的核心设备，其性能的好坏直接影响到系统的运行效率和稳定性。因此，企业需要选用高性能的服务器，以确保系统的高效稳定运行。存储设备容量也是一个重要的考虑因素，企业需要根据自身的数据量和数据增长速度，选用适当的存储设备，以确保数据的完整性和可靠性。备份与恢复机制是保障数据安全的重要手段，企业需要建立完善的备份和恢复机制，及时备份数据，确保数据的安全可靠。

最后，企业信息化建设还需要注重人员素质的提升。人员素质是企业信息化建设的基础，也是企业信息化运行的关键。企业需要对员工进行信息化知识培训和技能培训，提高员工的信息化素养和技能水平，建立信息化人才队伍，以保证企业信息化建设的可持续发展和有效运行。

综上所述，企业信息化建设是企业发展的重要战略之一，企业需要从多个方面入手，确保企业信息系统的正常运行和安全可靠。只有做好这些工作，企业才能在信息化时代中立于不败之地。

二、信息化时代企业财务工作的演变

（一）传统会计工作

1. 传统会计工作概述

在传统手工方式下，财务会计人员首先用纸和笔等工具对相关原始单据进行核算；然后填制财务记账凭证，经过审核以后登记相应的明细账簿和总账；最后经过各账簿之间的勾稽关系汇总计算填报各种财务决算报表，进而如实反映发生的各种经济活动，提供给各类决策人员使用。

2. 传统会计工作的弊端

从财务会计工作流程可以看出，在手工方式下，财务会计人员必须进行大量繁琐的简单汇总计算工作，极易产生错误，工作效率不可能有较大提高，且为造假提供了大量机会。财务会计工作效率的高低决定了企业资金利用率的高低，进一步会对企业的发展产生一定的影响。尤其在当前激烈竞争的市场大潮中，财务工作水平的高低从某种意义上来说甚至决定了企业的兴衰成败。在手工方式下，财务会计的主要工作内容和大量的工作时间实际上集中在登账、结账和填制财务决算报表过程中的大量汇总计算，专业财务会计人员无法从上述简单的重复劳动中解脱出来，同时也没有更多的时间和精力运用自己的专业技能和经验将企业的各种资金进行更好的科学管理和运用。

（二）会计电算化

会计工作的"数据性""及时性""精确性"迫切要求会计工作迅速实现现代化，电子技术的日益发展和数据处理的普及，为会计工作实现现代化提供了良好的契机，融会计理论、会计方法与计算机信息技术为一体的交叉型学科—会计电算化应运而生了。

1. 会计电算化的含义

随着会计电算化的不断发展，会计电算化的含义得到了进一步的延伸，它不仅涉及会计信息系统（会计核算、会计管理、会计决策等）的理论与实务研究，而且还融进了与其相关的所有工作，如会计电算化的组织与规划、会计电算化的实施、会计电算化的管理、会计电算化人员的培训、会计电算化制度的建立、计算机审计等内容。现在人们普遍认为，会计电算化是现代会计学科的重要组成部分，它是研究计算机会计理论与计算机会计实务的一门边缘学科。

会计电算化是指电子计算机技术在会计工作中的应用过程。它是以计算机为基本工具，由会计人员通过操作会计应用软件来完成会计工作的。

会计电算化发展的过程是一个从实践应用到会计实务变更、再到会计理论突破的过程，是会计学科发展的必由之路。会计电算化的内容是比较广泛的，可以从不同的角度进行归纳。

（1）从会计电算化信息系统的角度看

会计电算化系统是指将计算机科技与会计学科相结合，应用计算机技术来实现会计信息的处理、管理和分析。这个系统由人员、计算机硬件、计算机软件和会计规范组成。

首先，人员是会计电算化系统中不可或缺的一部分。人员包括会计主管、系统开发人员、系统维护人员、凭证录入人员、凭证审核人员、会计档案保管人员等。会计主管负责整个会计电算化系统的管理和运作，确保系统的正常运行和安全性。系统开发人员则负责系统的设计和开发，以满足会计部门的需求。系统维护人员负责系统的维护和更新，确保系统的稳定性和安全性。凭证录入人员和凭证审核人员负责将公司的财务凭证录入系统，并核对凭证的正确性。会计档案保管人员则负责会计档案的管理和保存。

其次，计算机硬件是会计电算化系统的重要组成部分。计算机硬件包括输入设备、存储设备和输出设备。输入设备包括键盘、鼠标等，用于将数据输入到系统中。存储设备包括硬盘、U盘等，用于存储数据。输出设备则包括打印机、显示器等，用于输出数据和结果。

再次，计算机软件是会计电算化系统的重要组成部分。计算机软件包括系统软件和应用软件，会计软件是一种应用软件。系统软件包括操作系统、数据库管理系统等，用于确保系统的正常运行。应用软件则是指各种能够实现会计信息处理和管理的软件，如财务软件、会计软件等。

最后，会计规范是进行控制的各种准则、岗位责任制度、内部控制制度等。会计规范是会计电算化系统的重要保障，它可以确保会计信息的真实性、准确性和安全性。岗位责任制度和内部控制制度则可以确保会计电算化系统的可靠性和稳定性。

（2）从会计电算化的发展过程看

从会计电算化的发展过程看，会计电算化主要分为会计核算电算化和会计管理电算化两个阶段。

①会计核算电算化。会计核算电算化是会计电算化的第一个阶段，是会计信息化的重要组成部分。它主要任务包括设置会计科目电算化、填制会计凭证电算化、登记会计账簿电算化、成本计算电算化、编制会计报表电算化等，会计核算电算化主要是指这几个方面运用会计核算软件，实现会计数据处理电算化。

第一，设置会计科目电算化。这是通过会计核算软件的初始化功能实现的，需要输入会计科目名称、编码和期初数字等资料。这一步的目的是将会计科目电算化，方便后续的会计核算工作。

第二，填制会计凭证电算化。这个任务包括原始凭证和记账凭证的处理，不同软件有不同的处理方法。在这一步中，会计人员需要将所需要的信息输入计算机，计算机自动进行处理，完成填制会计凭证电算化的任务。

第三，登记会计账簿电算化。这一步一般分两个步骤进行，由计算机自动登记机内账簿并打印输出。登记会计账簿电算化是将填制好的会计凭证转化为会计账簿上的数据，包括总账、明细账、日记账等。

第四，成本计算电算化。成本计算电算化是对经营过程中的采购费用、生产费用、销售费用和管理费用进行成本核算的重要任务。通过计算机自动计算成本，可以减少计算出错的概率，提高计算的准确率。

第五，编制会计报表电算化。这一步是由计算机自动进行的，通常有报表生成功能模块，可以自定义报表的格式和数据来源。会计人员可以根据需要自定义报表的格式和数据来源，进行编制会计报表电算化的任务。

②会计管理电算化。在实现了会计核算的电子化之后，运用了会计核算所产生的资料以及其它的财务资料，借助计算机会计管理软件提供的功能，使会计管理者能够对资金进行有效的筹集、使用以及对成本费用控制，编制财务计划，辅助管理者进行投资、筹资、生产、销售决策分析等。

2. 会计电算化工作概述

当前，企业发展的一个关键因素就是要让财务会计工作从烦琐的人工工作中解脱，而当前的电子计算机已经能够以一种科学、精确、快速的方式完成各类简易的汇总分析计算，这就是会计电算化。

随着会计电算化的实施，计算机系统成为了对财务和会计工作的一种重要补充，它取代了会计工作中繁琐的汇总计算，即使是对资金的使用情况也能做一个简易的分析，从而帮助财会工作者对企业的运营进行更准确的管理。当将财务记账凭证的资料准确地录入到财务软件系统中，或是按照其它的信息管理系统所生成的有关的资料，将它们自动地生成了一个财务记账凭证之后，专业的财务会计人员必须利用财务系统所具有的凭证查询和修正的能力，来对负责经济内容的有关凭证的记账科目、凭证摘要及科目间的资金借贷关系等方面进行认真的审查，确保在财务系统中记账凭证的准确性与可信度。电脑会计管理系统能够按照预先制定的数据处理规则及操作流程，对记账凭证数据进行存储、转换、输出、分析、利用，从而生成各类的财政决算报告。这里的报表数据收集规则，是由系统的运行维护人员和专业的财务会计人员共同按照各个财务决算报告的填制方法得出的。最终，在本项目中，通过对各个会计报告的详细说明，实现了对会计报表的自动处理。

实施了会计电算化之后，因为计算机能够精确有效地进行财务数据的汇总计算和登账、对账、结算及填制财务决算报告等繁琐的工作，所以减轻了会计工作的负担，改善了会计资料的品质，提高了会计工作的工作效能，也使会计资料的处理和利用方式发生了变化。这导致了会计人员的认识结构发生了改变，其质量得到了提升，也导致了其工作的组织形式、工作岗位的划分发生了改变，从而促使了其功能的改变。这个时候，企业的工作重心就应当发生变化，从以往的登账、对账、结算等工作转向对账分析工作。

我国目前的会计制度将其划分为两个子系统，即：财务核算（包括费用核算）与管理会计。计算机辅助核算中的代码化，数据共享，自动控制，为实现这两个系统的有机融合创造了基础。此外，若计算机处理始终仅限于财务会计子系统，而没有对其进行预测、决策、规划和分析，对企业的经济活动和收益进行评价，对企业进行内部负债的核算和绩效进行评价，这样就使计算机信息化的发展受到了制约，丧失了其发展的意义。以往在人工模式下，财务工作对企业的管理工作发挥的影响很小，它仅仅是对企业的真实情况进行了真实的反映，并对整个企业的整个流程进行了有效的监控，不能发挥出"控制现在，预见将来"的会计管理功能。在实施了会计电算化之后，该财务管理系统能够与其他的信息管理系统进行高效的数据信息分享，也就是说，其他的信息管理系统中所有的经济业务活动的过程和成果都能够被实时地反映到财务信息系统中，还可以充分地运用已有的金融资料，并与已构建好的多种数学模式相融合，来预测各项经济活动的金融成果，从而为企业管理部门的决策提供了一种有效的、具有一定科学性的参考价值。这就使得企业的财务和会计工作能够切实地介入到企业的经营和决策之中，从而达到"掌握当前，谋未来"的企业财务、会计的管理和决策功能。

3. 会计电算化的作用

会计电算化的作用如下。

①改善了财务资料的时效性与准确性，降低了财务工作的工作量，从而使财务资料的计算层次与品质得到了某种程度的改善。企业的资料统计由人工向计算机的转变，使财会人员的工作更加高效，并且在确保资料精度的前提下，免去了烦琐的海量资料；此外，资料处理方法的转变，也使财会工作的品质得到改善。

②改善了企业的运作和管理，为企业的信息化建设打下了良好的基础。实行了会计电算化以后，财会人员的工作效率将得到更大的提升，因此能够在公司的运营中花费更多的心思，有更多的时间来分析、梳理财务资料；通过分析，可以得到有用的公司会计资料，为公司管理层做出正确的经营决策。实行会计电算化，为实现企业的财务管理信息化创造了良好的环境。

③给实施计算机操作带来了新的动力，如在科技、理念上，对财会工作起到了正面的推动作用。在核算方式上，经过了由人工记账、机械记账、用电脑进行资料分析等 3 个时期。随着电脑的诞生，财务资料的加工方式也发生了变化，从数量上向质量上的转变。

4. 会计电算化相比手工会计的优势

会计电算化相比于手工会计的优势如下。

①数据处理的起点和终点不同。原始会计凭证是手工会计处理业务的起点，而会计凭证、原始凭证是会计电算化数据核算的起点。手工方式下会计业务工作的终点是编制和上报财务报表；而依靠编程程序以计算机为依托自动输出报表为会计电算化核算的终点，单独的财务报表模块根据设定的参数条件将编制与输出不同报表，如企业内部成本表、资产负债表、利润表和现金流量表等内外部报表。

②数据处理方法不同。在手工方式下，按岗位分离制度分别完成凭证登记、审核并记账工作，最后完成对数据的处理；而电算化会计核算系统处理数据，记账就是处理数据的一个步骤，账簿登记工作中不需要每个人执行一遍，计算机将自动完成数据的操作和收集，从而大大减少了会计人员的工作量。

③数据存储方式不同。手工方式进行的会计数据分别存储在分类账户、凭证中等，为各种纸质材料；而计算机会计系统数据存储在数据库中，有必要时才用打印机将其打印成纸质形式。

④会计信息的表现方式不同。在手工方式中，会计数据必须靠人工完完整整地书写出来；而在会计电算化软件运用过程中，可以减少文字的输入，会计信息可以用相应代码来表示，这样不仅提高了工作效率，也便于计算机进行会计信息处理。

⑤不需要账账核对。在手工方式下，明细账登记以每张记账凭证为依据，对总分类账进行登记是以汇总数据为依据。在核对过程中，财会人员根据复式记账规则，定期检查明细账的总数据和总账数据，一旦明细账目不符合总账数据，就说明会计做账有误，对于手工方式下检查做账是否正确是一种有效的方法。而根据系统参数设定好的记账规则被采用在电算化会计核算之中，记账过程的完成具备了自动、准确、高速特征，同时产生明细与汇总数据。预先编制好的程序如果完全正确，就可以完全避免计算错误，这样明细账与总分类账核对的环节就可省去。

5. 实施会计电算化的重要意义

会计电算化在中小企业中的运用，将为企业由管理粗放状态转变为管理系统化状态提供帮助。从企业和整个国民经济立场上看，现实意义的重要性非常明显。

（1）有效降低会计人员的劳动强度，从而大大提高会计工作效率

把会计电算化系统引入企业后，员工对大量运营数据记录和保存依靠纸质材料的状况就得到彻底扭转，把相关的经营数据信息输入系统即可保存，系统同时具有筛选和分析功能，这些都使人力得到有效解放。同时，运作速度快是计算机系统的特征，它可以在提高企业财务管理效率方面发挥重要作用。用电算化进行数据核算，使得广大财会人员从记账、算账到报账的繁重工作中得到解脱，也使会计工作效率得到提高。同时，在企业管理中，会计工作岗位至关重要，其最基本的职能是核算和监督，其他职能包括预测经济前景和分析数据，对于企业而言发挥着至关重要的作用。会计电算化在中小型企业中依托财务软件得以实现，其科学性与理论性更强，为企业更好地发展发挥了积极的促进作用。

（2）会计电算化是中小企业改善管理水平的需要

在国民经济飞速发展的背景下，企业对财务信息的处理日益增多，传统手工做账无法满足现代企业发展要求的现象日益凸显。对于会计而言，记录分析和保存财务信息至关重要，解决该问题的首要措施就是运用会计电算化，具体体现在旧式的手工做账被计算机财务系统所取代，广大的现代企业普遍接受便捷的企业管理模式。信息化的实施在我国中小企业中属于难得的历史机遇，也是企业核心竞争力提升、生存发展空间拓展的良好机遇。由此可见，企业要想生存和发

展，会计电算化就是必然选择，其能提高会计工作质量，也为管理信息系统以后顺利实现奠定了扎实的基础；同时，为企业规划资源积累了经验，为企业实现持续快速发展做好了前期准备。

（3）推动企业管理现代化

会计部门把经济管理中的多数信息集中在一起，其特点体现在具有很广的涉及面。会计信息系统的实现以电子计算机应用为主，其优点体现在具有大存储量、高效精确的运算速度、能够实现实时共享数据、快速生成账簿报表等。对于企业信息化而言，会计电算化占据着核心地位，核算与管理两种职能同时具备，企业管理者对信息能够随时获取，以便快速做出管理决策。在不断推进全球信息化与一体化进程背景下，我国会计电算化发展可谓长足，具有一定规模和实力的企业都以财务软件为依托实现企业信息化，旨在促进企业管理与决策效率的提高，最终实现企业竞争实力的提高。就未来信息化发展而言，中小企业电算化是发展趋势。

（三）会计信息化

1. 会计信息化的发展历程

会计信息化的发展历程如下：

（1）起步阶段

20世纪70年代末80年代初，即改革开放初期，银行业顺应改革开放的潮流，开始蓬勃发展。1984年，我国银行业初步实现了会计电算化，从原来的手工操作的基本业务转向由计算机来处理，并可在线生成电子数据。该阶段的会计电算化对银行会计报表所需的数据进行存储，仅是对数据进行记载，并通过相应的会计科目进行分类，但并不能为银行的决策者提供相关的决策依据。

（2）完善阶段

20世纪90年代，经济不断发展，为了使金融业更好地适应社会主义市场经济的发展，1994年国务院决定改革金融体制。随着金融品种的不断增多，业务范围的不断扩展，结算方式也在不断改变，银行原有的会计核算水平已无法满足业务需求，银行会计信息系统的改革如期而至。在该阶段，银行仍然是对公与储蓄两大独立核算系统，但在功能上已经比较完善，系统的安全性、可靠性也显著提高。

（3）综合化大集中阶段

进入 21 世纪，经济发展有了更多的机遇，经济全球化、国际资本市场的形成都催生中国金融业发生巨大变革。国内银行不断推动金融创新，利用互联网技术，逐步开展网上银行、支付宝等网络金融服务。在这样一个背景下，银行业的会计信息系统进一步发展，开始从会计信息化逐渐向综合信息化过渡，会计业务不断与综合业务融合。

2. 会计信息化的特征

会计信息化的特征如下：

（1）普遍性

会计信息化的普遍性体现在会计的基本工作流程、会计管理及会计教育都采用信息化技术，而目前会计理论还比较薄弱，没有达到真正的会计信息化水平。现在很多的会计工作仍然依赖传统的会计流程和基本的会计理论，依据信息化技术构建的会计账务处理体系没有得到很好的发展与完善。按照"互联网＋"时代的会计信息化工作要求，现代的信息技术应当广泛应用在基础会计理论、账务处理程序、管理会计及财务会计教育等相关领域，使与会计相关的工作都能在这一套信息化体系中运行。

（2）集成性

会计信息化的集成是对虚拟的数据资源再集成。这种集成不仅包括数据的整合，还包括财务会计和管理会计的信息资源和处理方式的结合、财会工作与非财务工作互相配合、企业及其关联财务主体间资讯网络的整合：①财务会计和管理会计的信息资源和处理方式的结合是指将传统的财务会计和现代的管理会计有机结合起来，形成一个完整的会计信息化体系。这种结合可以使企业更好地进行财务管理，更好地掌握企业的财务状况和经营情况，从而更好地制定经营策略和决策；②财会工作与非财务工作互相配合是指将会计工作与企业的其他业务部门进行协调和配合，使会计工作更好地服务于企业的整体经营和管理。这种配合可以使企业更好地协调各个部门之间的工作，从而提高企业的整体效益；③最后，企业及其关联财务主体间资讯网络的整合是指将企业与其关联的财务主体之间的信息网络整合起来，形成一个完整的资讯网络。这种整合可以使企业更好地进行财务管理和控制，更好地协调各个部门之间的工作，从而提高企业的整体效益和竞争力。

（3）动态性

在当今信息时代，企业财务会计数据的动态性和实时性已经成为了企业管理和经营的不可或缺的要素，这是因为动态性体现了数据的时效性和准确性，而实时性则是指财务会计数据可以随时获取和存储。首先，动态性是指财务会计数据应该是实时获取并动态存储的。这意味着，经济业务发生后，会计数据应该在服务器系统中实时同步记录并存储，以便于企业管理层、投资者、股东、银行等利益相关者随时了解企业的财务状况和经营成果。其次，财务数据进入信息处理系统后，应该及时做出相应的数据计算、汇总和分析等操作，反映企业的偿债能力、盈利能力等指标。对于企业管理层来说，可以及时了解企业财务状况和经营成果，制定更加科学、合理的经营策略；对于投资者和股东来说，可以及时了解企业的盈利状况，为其投资决策提供理论依据；对于银行来说，可以及时了解企业的还款能力，为其贷款决策提供理论依据。因此，动态性和实时性是企业财务管理和经营中非常重要的要素，可以帮助企业管理层、投资者、股东、银行等利益相关者更好地了解企业的财务状况和经营成果，为其后续的经营决策提供理论依据。

（4）渐进性

随着数字化时代的到来，新技术已经对会计信息化的构建产生了深刻的影响。这个过程是一个渐进的过程，可以分为3个阶段。在第一个阶段中，新技术主要是对传统的会计处理方式进行信息化处理。这个阶段的目的是实现会计核算工作的信息化，以提高准确性和效率。这些新技术包括会计软件、电子表格、数据库等。这些工具的使用使得会计师可以更轻松地进行会计核算工作，同时也可以更快地生成报告并提供支持。在第二个阶段中，新技术开始将日常会计业务与管理会计相融合。这个阶段的目的是促进现代管理会计实现信息化。新技术使得管理会计师可以更好地跟踪公司的运营情况，并且可以更好地预测未来的趋势。这些新技术包括数据分析、数据挖掘、大数据等。这些工具使得管理会计师可以更好地分析数据，以支持决策。在第三个阶段中，新技术采用云计算的信息技术。这个阶段的目的是在基本的会计核算和会计监督上实现技术信息化及财务分析和决策的信息化。云计算可以帮助公司更好地管理其财务数据，并且可以更好地应对变化。这些新技术包括云计算、人工智能、物联网等。这些工具使得公司可以更好地进行财务分析和决策。

（四）财务管理信息化

财务信息化在企业中扮演着重要的角色。它可以分为财务会计、管理会计、财务管理和审计4个专业领域。不同的专业领域服务于不同的层面人员，包括战略决策层、管理控制层和业务操作层。财务信息化的目的是为了提高企业的经营效率和管理水平。

然而，国内多数企业的财务信息化还处于财务会计的会计核算和财务报表的应用阶段。这意味着在企业日常操作中，财务信息化只能提供基础的财务管理支持。一些管理领先、信息化基础较好的大型企业已经开始了管理会计信息化的应用。这种应用可以更好地满足战略决策层的管理需求，使得 ERP 和核算系统中的财务业务数据能够更好地被整合和分析。

管理会计信息化的应用可以帮助企业更好地实现经营目标。它可以通过制定合理的成本计算方法和成本核算标准，对企业的成本进行分析和控制。同时，它还可以通过制定合理的绩效评估指标和管理计划，对企业的绩效进行评估和管理。这些措施可以帮助企业更好地实现经济效益和社会效益的统一。

总之，财务信息化在企业的日常管理中扮演着重要的角色。虽然国内多数企业的财务信息化还处于较为初级的阶段，但是随着信息技术的不断发展，企业的财务信息化水平也会不断提高。企业需要根据自身的经营需求和信息化水平，选择适合的财务信息化应用方法，从而更好地实现经济效益和社会效益的统一。

三、信息化时代企业财务工作的特点

（一）企业成本结构发生变化

1. 传统生产制造企业的成本结构

企业总成本包括变动成本（变动费用）和固定成本（固定费用）两部分，而变动成本又包括直接材料费、销售费、变动人工费、研究开发费及其他费用等，固定成本又包括人工费、折旧费、辅助材料费、能源费（动力费）、修缮费、租赁费、管理费、办公费及其他费用。

应该说明的是，由于国家、制度和历史的原因，不同企业在成本结构的设计、科目的设置及定义上会有一定的差异，但并不影响成本分析和成本控制方法的共通性。

2．互联网时代企业的成本结构

进入互联网时代，企业的经营方式发生了一定变化，成本结构也随之产生了一定改变。下面以电子商务营销的成本结构为例，介绍互联网时代企业的成本结构。

一般而言，企业的营销活动表现在两个方面：一是对内部的控制和管理；二是对外部市场和客户的宣传与服务。对开展电子商务营销来说，其成本结构可以从内部和外部两个方面进行分析。

（1）内部成本结构

电子商务营销能否有效实施，需要一些基本的硬件设施、管理软件和人力资源等，这些构成了企业开展电子商务营销的内部成本。

第一，硬件成本。电子商务营销离不开计算机、计算机网络和各种软件的支持。硬件设备的购置和安装费用，包括实施电子商务营销所必需的计算机辅助设备的购买开支及服务器、路由器和交换机等，都是企业开展电子商务必不可少的设备。这些设备的发展和更新换代十分迅速，因此硬件的投入和更新是一项经常性、长期性的投资项目。

第二，软件成本。软件成本包括系统软件部分和后期开发的应用系统的开发成本。在电子商务营销中，软件是企业成败的关键，网络硬件设备必须依靠软件开发才能发挥作用。软件开发费用包括管理软件开发费、独立域名的注册费、空间租用费和网页设计费等，这些都是企业必须投入的成本。软件的发展速度很快，生命周期较短，因此软件的应用成本相当昂贵。

第三，电子商务营销的运行费用。企业的电子商务网站建立后，需要及时更新网站上的信息，并对软硬件系统进行维护。企业信息技术部门需要倾注大量的精力提供系统维护、信息管理等服务，以确保对业务部门的技术支持，保证网络系统的可靠性、安全性和效益。

第四，人力资源成本。实施电子商务营销需要得到管理信息系统人员的支持，同时也需要一批电子商务专业人才的参与和支持，这是电子商务营销成本的一部分，尤其是许多企业由于电子商务人才资源缺乏，就必须加强人力资源培训，这在无形中增加了员工的培训费用。大多数培训在电子商务营销实施前进行，另外还有对员工的在职培训，目的是让正在从事电子商务营销的员工进行进修和深造，以了解并学习新技术及有关标准方面的变化和进展。

（2）外部成本结构

第一，推广成本。电子商务营销推广的目的是提高企业网站或网页的访问量，以达到营销目标。基于这一前提，网站的经营者应该利用互联网的特性和自己对目标市场的准确定位，让更多的潜在客户关注该网站并成为购买者。其可采用的方法包括在主要搜索引擎注册、向行业网站请求链接及交换链接，以及在访问量较大的网站中做广告，也可以通过传统媒体，如电视、报刊和户外广告等来提高知名度。随着电子商务营销进入微利时代，企业销售额虽不断攀升，但企业却始终难以盈利，其重要原因就是营销推广成本居高不下。

第二，物流配送成本。电子商务营销的最终目的是为电子商务交易的最终完成提供条件，只有通过配送，才能最终使物流活动得以实现，使得交易最终完成。企业在评测企业成本时仍然必须关注配送成本。配送是按用户的订货要求，在物流据点进行分货和配货工作，并将配好的货物送交收货人的活动，它是集流通加工、整理、拣选、分类、配货、配装和运送等活动于一体的增值服务。企业的电子商务营销应该选择合理的、有营利的配送体系，在满足特定的顾客服务水平与配送成本之间寻求平衡。

第三，售后服务成本。网络购物通过图片、文字等介绍商品，而非实物销售，因此消费者拿到手的商品和预期比较或多或少都会有差距；再加上一些企业之间残酷的竞争，纷纷承诺一定时间内无条件退、换货或其他售后服务，因此一般电子商务的售后服务成本比例远远高于传统零售企业。

以手机行业为例，相较其他手机企业，小米的销售费用仅占0.3%，而传统部分手机厂商销售费用甚至能高达 20%，但小米在客户开发、研发人力等方面投入的远高于传统企业。这就是不同商业模式导致的成本结构不同。渠道费用、库存高企等这些曾经看似理所当然的成本，由于都不是客户所关注和愿意承担的，因此将在互联网时代被颠覆。合理的成本结构是财务管理的重点工作。

（二）运营成本降到最低

互联网在商业领域的发展，体现了边际成本递减原则。这一原则指的是在生产一定量的产品时，每生产一单位产品所需要的成本会逐渐减少。互联网企业利用计算机整合资源，通过网络采购、生产、销售等信息即时对接，降低采购成本。这一过程中，企业财务会计作为云计算经济时代的重要组成部分也发挥了重要作用。财务会计系统可以实时监控企业的财务状况，及时报告利润和成本。

在互联网时代，企业可以通过网络优势进行直销，降低中间商利润分成。同时，企业之间也可以相互合作发布免费广告，降低销售成本。这种合作方式不仅可以减少企业之间的竞争，还可以提高企业的综合竞争力。互联网企业利用这些优势，可以大幅度降低产品的销售成本，提高产品的市场竞争力。

除了上述优势，互联网还可以带来更多的商业机会。例如，互联网可以为企业提供更多的市场信息，让企业更好地了解市场需求和消费者行为。此外，互联网还可以为企业提供更多的营销渠道，增加产品曝光率，提高销售量。

除此之外，企业并购时，互联网财务会计也可以有效降低企业的并购成本。

①网络财务会计作为一种新兴的财务工具，正在逐渐得到企业的认可和使用。网络财务会计的一大优势在于，它能够为企业提供并购对象及市场信息，帮助企业调整方案和寻找合适的并购时机。通过网络财务会计，企业可以实时了解市场的变化和趋势，及时调整并购计划，避免因为市场变化而导致的资金浪费和机会损失。此外，网络财务会计能够提供全面的财务分析和评估，为企业提供决策依据和风险控制。网络财务会计的另一个优势在于，它能够降低并购谈判和交易的成本。传统的并购交易需要大量的人力和物力投入，而网络财务会计则能够通过信息化的手段，实现快速高效的交易流程。通过网络财务会计，企业可以快速地获取所需资料和信息，实现在线交易和支付，减少人为干预和交易风险，降低交易成本。除了并购交易外，网络财务会计还适用于证券市场的网络交易系

统，可以减少股票交易成本。传统的股票交易需要通过券商或中介机构进行，而网络财务会计则能够实现在线股票交易和结算，减少交易成本和时间成本。此外，网络财务会计还可以为企业提供定制化的财务服务和咨询，提高企业财务管理的效率和准确性。

②互联网财务会计采用数字化技术，实现数据分析和资本预算建模，使决策者可以得到最优方案。通过互联网财务会计，企业可以更加精准地预测未来的经营情况，进行科学决策，提高经营效率。互联网财务会计不仅提高了企业的决策水平，还降低了企业的运营成本。传统的财务会计需要大量的人力和物力投入，而互联网财务会计则可以实现自动化处理。企业可以通过互联网财务会计系统实现财务数据自动汇总、分类、整理和分析，减少了人力成本和时间成本的消耗，提高了工作效率。在互联网财务体系下，企业信息系统实现了交互，财务数据能实时反映经营情况和成果。企业可以通过互联网财务会计系统实时查看经营情况和财务状况，及时调整经营策略，保证企业的稳定发展。互联网财务支持协同作用，实现了财务和业务的协同，从内部和外部使得工作同时完成。企业可以通过互联网财务会计系统实现财务和业务部门之间的信息共享和协同工作，提高了工作效率和准确性。互联网财务协同作用实现了资源最优化配置，降低了企业和全社会的运营成本。企业可以通过互联网财务会计系统实现资源的最优化配置，避免资源浪费和重复投入，减少了企业的成本，提高了社会资源的利用效率。

总之，互联网时代的企业财务会计能使企业降低运作成本，减少低效劳动，实现最大化的利润，同时优化了企业的财务状况，从而吸引着更多投资者与客户，使商业运营在激烈的市场体制竞争中占有优势。

（三）企业财务弹性更强

财务弹性是指企业对经济环境的适应能力和对投资机遇的充分利用，具体来说，就是企业运用闲置资本和剩余负债的能力，应付可能发生的或未预料到的突发状况的能力，也就是对未来的投资机遇的把握能力，是企业融资对内部和外部环境的反应能力和适应能力。财务弹性的能力来自于对现金流与需求的比较。如果公司的现金流大于其所需的现金流，且有盈余，则公司的财务弹性较强。公司的融资灵活性一般是通过将营业现金流与付款条件（如投资需要或保证付款）相比较来度量的。在网络时代，市场发生了非常快速的变化，公司很可能会被市场所淘汰，所以公司需要快速地对市场做出反应。顾客导向型市场环境的建立，会引起市场环境的明显改变，使企业具有较强的仿冒性和快速的创新能力，因此，要迅速地适应市场的变化。随着市场竞争的加剧，产品 / 产业的生命周期也越来越短，而且这种缩短的速度越来越快。企业若不能不断进行战略创新，将会不断地陷入同质化的竞争之中。

强大的财务弹性可以让公司在保持整体战略目标不变的前提下，不断地进行产品创新，以适应高度不确定的市场竞争。即，在企业的财务管理中，必须充分考虑各种不确定因素，并在发生变化时，能够及时地做出相应的调整。

四、财务管理信息化的模块及其功能

在当今数字化时代，企业的财务管理信息化已经成为了不可或缺的一部分。实现财务管理信息化需要依靠多个信息系统模块的集成，只有这样才能够实现财务数据的自动化处理，提高财务部门的工作效率和准确性。财务管理信息化的成功并不仅仅在于系统的建立，还有相互之间的集成管理。这意味着不同的信息系统模块需要相互连接，共享数据，才能够实现全面的财务管理信息化。财务管理的信息化由五个模块组成，分别是会计事务处理信息模块、财务管理信息模块、财务决策支持模块、财务经理信息模块以及组织互联模块。这五个系统模块紧密联系，相互支持，构成了完整的财务管理信息化体系。

（一）会计事务处理信息模块

会计事务处理信息系统是企业财务管理的基础，其主要功能包括会计核算信息子系统和会计管理信息子系统。会计核算信息子系统主要用于处理会计核算相关的信息，如账户余额、应收应付账款等。通过该子系统，企业可以实现财务数据的自动化处理和管理，避免了手工记账和报表的繁琐过程，从而减轻了会计人员的工作量。会计管理信息子系统则主要用于企业的财务管理工作，例如预算编制、成本控制、资金管理等。通过该子系统，企业可以实现财务管理的自动化处理和管理，有效提高了企业的财务管理水平。

（二）财务管理信息模块

在财务管理过程中，有一部分问题是结构化的问题，具有固定的处理模式和规范性，这些问题可以通过建立财务管理信息模块来解决。财务管理信息模块是一种新型的人机财务管理系统，以现代化计算机技术和信息处理技术为手段，自动或半自动地实时处理结构化问题。

财务管理信息模块的主要目标是概括发生的事情，并把人们引向存在的问题和机遇。其通过内部与外部的有关数据作为输入，经过处理后可以存入数据库。财务管理信息模块能够生成书面形式报表，可在用户终端屏幕上显示。这些报表能够提供准确的财务信息，帮助企业管理者做出正确的决策。

财务管理信息模块有许多优势。首先，其可以提高财务信息的准确性和及时性。其次，其可以提高财务信息的可靠性和安全性。最后，其可以提高财务管理的效率和效益。

总之，财务管理信息模块是一种新型的人机财务管理系统，其能够解决结构化问题，提高财务信息的准确性和及时性，提高财务信息的可靠性和安全性，提高财务管理的效率和效益。在未来的发展中，财务管理信息模块将会越来越普及，成为财务管理的重要工具。

（三）财务决策支持模块

财务决策支持系统是一种高度交互式信息系统，可以帮助企业决策者制定正确科学的经营决策。其主要用于解决难以预测或随机变化问题，帮助企业决策者从多角度分析和预测未来的市场趋势和经济环境，从而制定正确的经营策略。同时，财务决策支持系统还可以对企业财务风险进行事先防范，降低企业的财务风险。

（四）财务经理信息模块

财务经理信息系统是将会计事务处理系统、财务管理信息系统、财务决策支持系统相结合的高度交互式信息系统。其主要用于帮助财务主管从更多的视角了解问题和发现机遇。通过该系统，财务主管可以更加全面地掌握企业的财务状况，从而制定更加科学的财务管理策略。

（五）组织互联模块

组织互联系统是一种能够加强企业财务管理的各个环节相互间的联系的信息系统。其主要用于实现企业的财务信息自由流动，加强企业内部各部门和外部关联企业之间的联系。通过该系统，企业可以实现财务信息的实时共享和协同处理，保证企业的生产与经营的正常运转，提高企业的整体效益。

五、财务管理信息化的内部控制系统

建立完善的内部控制是企业管理的基础。在财务管理信息化系统中，内部控制显得更加重要。为了保障财务信息的安全、完整和准确，需要采取一系列的控制措施。

（一）组织与管理控制

建立岗位责任制，明确职责。岗位责任制是企业内部控制的重要组成部分，通过岗位责任的划分及相互制约、相互稽核，实现内部控制的有效性和合理性。在网络财务系统中，建立岗位责任制可以明确每个人员的职责，确保在工作中实现职责分离，避免人员的滥用和内部欺诈行为。

（二）系统开发控制

系统开发控制贯穿于系统规划、分析、设计、实施、测试和维护等各个阶段。通过控制系统开发过程中各项活动的合法性和有效性，确保网络财务系统的安全性和可靠性。在系统开发过程中，需要对各个阶段进行严格的控制和管理，以保证系统的完整性和正确性。

（三）系统维护控制

系统维护控制涉及软件修改、代码结构的修改、计算机硬件与通信设备的维修等，需要对系统功能进行调整、扩充和完善。在系统维护过程中，需要进行严格的控制和管理，确保系统的稳定性和可靠性。

（四）网络操作控制

网络操作控制重点是权限控制，包括建立健全财务管理信息化岗位责任制，制定并严格执行上机操作制度，加强系统人员的操作规程培训。在网络操作过程中，需要对权限进行严格控制，避免人为失误导致的信息泄露和误操作。

（五）网络系统安全控制

网络系统安全控制主要包括软件、硬件控制，大众访问控制，数据通信控制，防病毒控制以及数据丢失控制。在网络系统安全控制中，需要对各个方面进行综合控制，确保网络系统的安全性和可靠性。

六、财务管理信息化的未来发展分析

基于 Internet 的计算环境和网络技术平台促使新一代企业信息系统的产生，即企业不需要购买和建设自己专属的信息系统，而是可以租用网上公用信息系统，即 Software as a Service（SaaS）软件及服务模式。

SaaS 最早的应用是 CRM 的业务管理系统，新的业务模式是把 ERP 推向 Internet 的最根本的原动力。Internet 的技术特性在与 SCM、CRM 等新型业务模式相结合后，充分显示出它的优势。Internet 应用不仅可以改善供应链中各部分之间的沟通，提高供应链效率，更重要的是将会改变供应链的结构，对现有的销售及服务体系进行重组。Internet 还使为每个客户提供个性化服务的愿景成为现实，甚至包括提供网上的自助式服务。

随着信息技术的不断发展，企业在财务管理方面也得到了诸多好处。首先，信息化为企业带来了经济效益和竞争优势。信息技术可以帮助企业实现财务管理的自动化和数字化，提高财务管理的精度和效率，降低成本，提高经济效益。同时，信息化还可以帮助企业更好地了解市场和客户需求，优化产品和服务，提高竞争优势。然而，经济全球化对财务管理也产生了深刻影响。全球化带来了市场竞争的加剧和风险的增加，企业需要重新考虑财务角色。财务管理不再是简单的数字处理，而是需要更高层次的战略规划和风险管理。企业需要通过信息技术来支持财务管理的全过程，并且将财务管理和企业战略紧密结合起来，以适应全球化竞争的挑战。在金融工具和衍生金融工具不断创新的今天，如何寻求机遇、规避风险，是每个企业所面临的问题。企业财务管理的信息化是提高核心竞争力的重要举措。信息技术可以帮助企业实现财务管理的自动化和数字化，提高财务管理的精度和效率，降低成本，提高经济效益。同时，信息化还可以帮助企业更好地了解市场和客户需求，优化产品和服务，提高竞争优势。最后，正确认识财务管理信息化问题并解决问题，合理配置资源，提高竞争力和经济效益是企业必须面对的任务。企业需要将信息技术与财务管理有效结合，实现数字化财务管理，并且通过数据分析和预测来了解市场和客户需求，优化产品和服务。同时，企业需要制定风险管理策略，规避风险，提高经济效益。

　　财务管理信息化是一种先进的财务管理模式，其不仅仅是使用电脑和网络，而是一种将财务管理与信息技术相结合的管理模式。作为企业管理的核心，财务管理对企业资金运转进行综合性管理，其在企业经营中的重要性不言而喻。首先，数据共享机制是财务管理信息化的关键。这种机制可以实现权力集中监控、资源集中配置、信息集中共享，从而提高企业的管理效率和决策水平。同时，数据共享机制可以促进企业内部各部门之间的协作，提高企业的整体运营效率。其次，企业信息化包含数据信息化、流程信息化和决策信息化3个层面。数据信息化是指将企业的基础数据进行数字化处理，以便于管理和分析。流程信息化是指将企业的各个流程进行数字化处理，从而提高流程的效率和精度。而决策信息化则是信息化的最高层次，可以对企业进行实时监控和快速调整反应。决策信息化在企业管理中具有重要的作用。其可以实现对企业各个方面的实时监控，包括财务、销售、生产等方面，从而及时发现问题并进行调整。同时，它可以提供多种决策支持工具，如数据分析、预测模型等，帮助企业做出更加准确的决策。

　　我国企业财务管理信息化经历了3个重要的阶段。第一阶段是使用单机会计电算化软件，实现计算机程序化管理。这个阶段主要是将传统的手工记账转化为电子化记账，提高了财务数据的准确性和处理效率。第二阶段则是建立企业内部局域网，初步实现各个系统的集成。这个阶段的重点是在内部系统之间实现数据共享，实现了信息流的畅通。第三阶段是实现企业内外流程一体化，为决策者提供决策支持服务。这个阶段是将企业内部系统和外部系统进行集成，包括与客户、供应商、合作伙伴等外部系统进行信息交互，以实现全面的信息化管理。企业需要运用计算机局域网完成信息集成和数据共享，运用广域网和数据仓库技术整理、传递、分析、反馈财务和管理信息。这些技术的应用，使得企业内部流程更加高效，决策者能够更加迅速地获取到决策所需的信息，从而更加准确地做出决策。

第四节　现代企业财务管理信息化建设

在现代企业的经营过程中，信息传递的发达程度十分关键。如果信息传递不发达，就会导致企业在经营过程中遇到各种问题。这些问题可能会给企业带来严重的经济损失，甚至会导致企业倒闭。此外，如果企业未能及时开展信息化建设，也会面临较高水平的财务风险。在现代经济中，信息化已成为企业发展的必经之路。如果企业不能及时开展信息化建设，就会错失先机，错过机遇，最终可能会被市场淘汰。因此，财务管理信息化建设对于企业健康发展具有重要意义。

一、现代企业财务管理信息化建设的意义

（一）促使企业财务数据信息的精准度与利用率显著提升

随着信息技术的快速发展，企业财务管理信息化建设可以提高财务数据信息的精准度。通过信息技术的支持，企业可以更加准确地记录和分析财务数据，从而及时发现问题并对其进行解决。这不仅可以降低企业财务管理的风险，还可以提高企业决策的精准度。同时，信息化技术可以促使企业财务数据利用效率显著提高。传统的财务管理方式往往需要大量的人力和时间，而信息技术可以将这些工作自动化，大大提高了工作效率。这不仅可以降低企业成本，还可以让企业更加专注于核心业务的开展，从而提高企业的竞争力和盈利能力。

（二）提高财务管理信息挖掘水平

财务管理信息化还可以提高财务管理信息挖掘水平。通过对财务数据的深层次挖掘，企业可以发现数据中隐藏的价值，以研发出全新的产品，为企业客户提供全新的服务。这些产品和服务不仅可以满足客户的需求，还可以带来更多的收益和利润。财务管理职能朝着信息挖掘方向延伸，从而促进企业决策水平显著

提升。通过信息化技术的支持，企业可以更加全面地了解市场和客户的需求，从而制定出更加精准的决策。这不仅可以提高企业的竞争力，还可以使企业在日益激烈的市场竞争中保持领先地位。

（三）降低财务管理中的成本水平

随着时代的进步和科技的不断发展，信息化建设已经成为现代企业发展中不可或缺的重要环节。强化信息化建设可以降低财务管理成本，减少资金和资源浪费，这些都是企业希望实现的目标。但是，要实现这些目标，需要投入大量的人力、财力、物力，并结合市场发展形势构建科学的战略发展目标。

（四）促使企业整体内部管理水平显著提高

信息化技术能够促使企业整体内部管理水平显著提高。通过合理规划、完善与调整信息化建设，可以提高内部管理水平，增强信息化建设成效，扩大现代企业综合竞争优势。信息化建设是一个系统性的工程，需要从多个方面入手，如企业管理、技术研发、信息安全等，才能够实现信息化建设的效果。因此，企业需要全面考虑自身的实际情况，制定合理的规划方案，并不断加以完善与调整，以增强信息化建设成效，促使内部管理水平的显著提高。这对财务管理质量具有促进作用，能够提高现代企业综合竞争力。

二、现代企业财务管理信息化建设的措施

（一）对财务管理信息化建设给予高度重视

现代企业财务管理信息化已成为企业发展的重要趋势，相关领导应该重视信息化在财务管理中的作用，并创新管理理念以适应新时代的需求。政府相关部门与主管领导应推进现代企业财务管理信息化的发展，加强对企业信息化建设的指导和支持。政府可以通过制定相关政策、提供资金支持、加强技术培训等方式，促进企业信息化建设的顺利推进。此外，政府还可以通过建设公共信息平台、打造数据共享机制等手段，促进企业间合作与交流，推动财务管理信息化的深入发展，从而促使现代企业各项运行成本显著下降。

（二）对企业财务数据信息进行有效收集和整理

在企业管理中，财务风险一直是一个被高度关注的问题。然而，由于内部管理信息的采集和整理度严重不足，财务风险也因此得到了加剧。因此，企业需要重视财务数据信息的微观整理机制，以有效减少财务数据信息的随意更改。在这个过程中，坚持企业应用为首要原则是非常重要的。在财务数据明细中保存和备份相关数据，可以进一步强化财务数据的真实性。此外，企业需要高度重视财务数据的整理工作，以确保原有的数据资料在出现漏洞时，能够在第一时间之内使用电算化会计对漏洞加以发掘，以有效降低因数据而产生的风险。另外，企业还需要与外部会计系统相结合，同时收集市场财务数据信息。这可以帮助企业更好地了解市场情况，及时调整经营策略，提高企业在市场中的竞争力。

（三）对企业财务管理信息化建设予以规范

随着信息技术的不断发展和应用，财务管理信息化建设已经成为企业管理程序和方式的重要变化。企业需要所有部门参与其中，规范财务管理信息化建设管理系统的运行过程，制定相关规章制度，对信息化建设进行整体规划。除此之外，为了确保财务管理信息化建设的顺利进行，企业需要在全企业制定统一的数据计算口径和上传下达方式。通过这种方式，可以实现数据的统一标准，避免出现数据重复和错误，提高数据的准确性和可靠性。还有，企业需要对现有业务流程进行深度剖析，找出问题所在，优化流程，降低流程成本，提高效率。通过优化流程，可以加快信息的流转速度，提高管理效率。最后，企业需要建立完善的信息共享平台，通过平台实现部门间数据的畅通共享，避免信息孤岛的出现，提高数据的利用效率，为企业的经营决策提供有价值的信息，并加强信息的整合性，为企业的经营决策提供有价值的信息。

（四）培养专业化的财务管理信息化人才

近年来，随着企业经营环境的变化，现代企业对财务人才的专业化要求变得越来越高。高素质专业化人才变得更加难求，尤其是既专业又有信息化水平的复合型财务管理人才十分匮乏。因此，现代企业应该注重培养财务信息化管理人才，才能更好地适应当前市场发展的内在需求，从而促进自身快速发展。为了适应现代企业发展的需求，财务人才需要具备专业化和信息化水平。专业化是指财务人才需要掌握扎实的财务知识和技能，能够熟练处理企业财务核算、分析、预测等方面的工作。信息化是指财务人才需要具备使用现代化信息技术处理财务数据和信息的能力，能够熟练使用财务软件和数据分析工具等。现代企业应该注重培养这样的人才，以适应市场需求的变化。为了培养这样的财务信息化管理人才，现代企业可以采取定期培训、实战演练等方式提升财务管理人员的素质。

第七章 现代企业财务管理的转型与发展

第一节 新经济时代下的企业财务管理

一、新经济时代财务管理环境变化

（一）经济全球化发展

经济发展依赖于企业发展，可以帮助企业建立新经济结构，避免企业管理受经济变化的限制，使其能够结合自身特点，采取科学的财务管理措施。随着全球一体化的发展，经济发展呈现出全球化趋势，表明企业财务管理环境随着时代的发展而变化，而企业发展离不开变革，也极易受环境影响。因此，企业应当高度重视财务管理，了解全球化趋势对企业发展的影响，以此完善企业的内部控制财务管理制度。

（二）电子商务兴起

通过互联网技术的应用，可以为社会生产和生活提供便利，相应地加快人们的生活节奏。互联网技术还能促进市场经济的发展，并带动电子商务发展，在现代经济结构中具有重要的作用。电子商务属于市场经济和互联网技术相结合的产物，通过互联网信息技术可以关联虚拟货币和实体交易，既可以促进经济流通发展，还可以全面提升财务管理方式的灵活性，从而逐渐扩大财务管理范围。此外，通过电子商务模式能够推动企业财务管理的发展，增加资金利用途径，从而提高企业资金流通速率，这种模式已成为财务管理发展的新趋势。

（三）科学与人文发展

企业发展具有特殊性，通过经营管理能够促进企业发展。然而在出现新经济条件后，不仅能够促进企业管理理念的发展，还能促进科学人文发展，全面体现出财务管理的体制，展现出财务管理对企业的影响。同时，经济的快速发展逐渐强化了科学与人文在企业建设中的作用，对企业财务管理的影响非常大，能够改善财务管理制度。因此，将财务管理和企业文化相结合，有助于企业发展的和谐与稳定，从根本上促进企业经济发展。

二、新经济时代财务管理面临的挑战

（一）经济全球化压力增加

经济全球化已成为发展趋势，因国内外的经济环境问题突出，企业发展面临较大压力。大多数企业利用多元化发展、跨国经营和内部重组等方式来适应经济全球化发展的要求，增强市场竞争力，提升企业经济效益。在企业经营管理中，财务管理的作用非常大，企业改变传统经营活动后，应当注重财务管理思维、工具方法的转变，相应地增加企业财务管理的复杂度。

（二）管理体制变化

在市场经济体制发展过程中，企业对市场的反应速度不断加快。企业是市场的主体，在自主理财过程中，应当随着市场发展的不断加深与外部领域的关联，促进企业理财活动的频繁开展，从而丰富财务管理内容。在新经济条件下，财务管理对企业经营管理的影响非常大，企业财务管理面临的挑战也较多。

（三）财务管理范围持续扩大

企业财务管理涉及生产环节、销售环节和供应环节，每个部门和每个经营环节的经济活动都会受到财务管理的制约。在市场变化发展过程中，企业相应改变了其内部管理，也扩大了财务管理的范围，既可以为企业生产营销与质量管理提供资料，还能协调企业与外部的关系，增加财务管理的内容。

（四）机构设置与财务管理人员的调整

我国受计划经济的影响，企业财务机构多设置为金字塔形，且中间环节比较多，致使财务管理工作的创新性和灵活性不足，降低了财务管理效率，无法满足企业的发展要求。对于中小型企业来说，还会存在严重的裙带关系，影响财务管理人员的综合素质，财务管理能力不足，导致企业无法发挥财务管理的功能作用，不利于企业的发展，还会降低企业的市场竞争力。

第二节　新经济时代下的财务战略管理

一、财务战略管理的基本理论

（一）财务战略管理的特征及内容

财务战略管理，或称战略财务管理，指的是对公司财务战略或战略性财务活动的管理，它既是公司战略管理的一个不可或缺的组成部分，也是公司财务管理的一个重要方面。因此，公司财务战略管理具有战略管理和公司财务的双重属性，是它们二者相融合的产物，是财务管理为适应新形势下的企业战略管理模式的进一步发展。公司财务战略管理是围绕公司财务战略的制定、实施、控制和评价而展开的。

1. 财务战略管理的基本特征

财务战略管理具有以下几个方面的基本特征。

第一，财务战略管理的逻辑起点应该是企业目标和财务目标的确立。每一个企业客观上都应该有一个明确的经营目标以及相应的财务目标，以此来明确企业的总体发展方向，为企业的财务管理提供具体的行为准则。只有明确了企业目标和财务目标，才可以界定财务战略方案选择的边界，将财务战略管理尤其是财务战略形成过程限定在一个合理的框架之内，选择适合企业自身的财务战略。

第二，财务战略管理以环境分析为管理重点。分析战略环境是制定财务战略的客观基础，需要通过企业内外部环境分析，找出关键战略要素。企业制定战略以外部经营环境的不确定性为前提，企业必须关注外部环境的变化，同时结合公司内部环境如财务资源、组织结构、企业文化等，根据变化调整战略部署或采取有效的战略方案，充分利用有限的经济资源，保证企业在动荡的环境中生存和发展。

第三，财务战略管理是一个连续不断的过程。与企业战略管理的其他方面一样，财务战略管理也并非仅指财务战略管理方案的形成，也包括财务战略方案实施、控制与评价。广义的财务战略形成过程已经包含了财务战略评价，因此，财务战略管理是一个具有持续性的动态过程。

2．财务战略管理的主要内容

现代企业财务管理的主要内容包括筹资、投资及收益分配。筹集资金是企业财务活动的起点，投资使用资金是财务活动的关键，回收和分配资金是财务活动的归宿。基于此，企业财务战略管理的主要内容包括筹资战略管理、投资战略管理及收益分配战略管理。

（1）筹资战略管理

筹资战略管理主要是明确企业筹资的指导思想，制定筹资战略目标，确立筹资规模、渠道和方式的战略选择，安排优化资本结构的战略方案，并制定为实现筹资战略目标所采取的相应对策并进行风险控制。

筹资战略管理重点关注资本结构优化战略。资本结构是决定企业整体资本成本的主要因素和反映企业财务风险程度的主要尺度。科学地进行资本结构优化决策，可使各种资金来源和资本配比保持合理的比例，达到资本结构平衡，如资金规模、财务人员配备、财务机构的协调平衡，自有资金和借入资金的动态平衡，资本总额中流动资金占用的平衡和固定资本中各种固定资产的资金占用的平衡，财务指标体系各指标数值之间的平衡等，从而保证财务系统长期良性运行和企业可持续发展。

此外，在战略筹资风险控制方面，企业应总体防范和控制负债经营风险。正确认识、客观评价负债经营的利弊，根据市场需求和经济环境的发展变化，结合企业生产经营对资本的实际需要和财务状况，把握负债经营的适度性，有效实施负债经营战略，是成功运作资本、持续稳定发展企业的关键；企业还应阶段性控制筹资风险，包括事前控制，即做好财务预测和计划、确定资本结构；事中控制，即持有合理的现金储备、强化存货管理、提升存货周转率、加速货币资金回收；事后控制，即分析筹资过程，为日后筹资活动提供指导意见。

与传统筹资管理相比，现代企业筹资战略管理具有以下两个方面的突出特点。

第一，其指导思想除了筹集日常经营业务正常的资源需要外，重点确保并最大限度地满足企业培育与提升核心竞争力所需资源的种类与数量，这就使得战略筹资行为更具针对性、实效性和长远性。

第二，战略筹资的对象从以传统筹资为主转向以资本筹资和无形资产筹集为主，战略筹资的方向和渠道应从以国内市场为主过渡到以国内市场和国际市场并重，这样更有利于筹集并运用各类资源来培育与提升核心竞争力。

（2）投资战略管理

投资战略管理主要明确战略投资总规模、总方向、结构搭配、战略投资效益评价标准以及实现战略投资目标的主要途径，是企业的资源配置战略。

投资战略管理重点关注资本投资战略。资本投资战略决定着企业能否把有限的资金和资源合理配置并有效利用。其主要包括：固定资产投资方向、企业规模和资本规模的确定；用于外延扩大投资，还是用于内涵扩大投资；用于老产品改造，还是用于新产品开发投资；自主经营，还是引进外资联合投资；自有资金投资，还是贷款负债投资；固定资产与流动资产投资比例决策；有风险条件的投资战略决策；通货膨胀条件下的投资战略决策等。资本投资战略主要是投资的经济规模和投资收益性。规模投资、规模经济、规模效益三者之间是相辅相成的，是一个循环的经营活动过程。企业在制定投资规模的财务战略时，要研究和应用规模经济原理，综合运用最佳生产曲线成本函数、市场需求函数、最佳收益函数等现代经济理论模型，探索最佳的企业投资规模，取得最佳的投资效益。

与传统投资管理相比，现代企业投资战略管理具有以下两个方面的突出特点。

第一，投资方向明确，主要投向有利于提高企业核心竞争力的项目。

第二，将人力资源、无形资产、风险投资作为重点，而不像传统投资以固定资产投资、金融投资和营运资本管理为重点。在知识经济时代，加大对以知识和技术为基础的专利权、商标权、商誉、软件等无形资产和以人才开发和引进为主的人力资源的投入力度是企业增强核心竞争力的有力保障。此类无形资产投资属风险投资范畴，风险投资具有风险大、投资回收期长的特点，因此，战略投资也应将风险投资作为管理的重点之一。

（3）收益分配战略管理

主要研究解决战略期间内企业收益如何分配的重大方针政策等问题，如股利战略目标、是否发放股利、发放多少股利以及何时发放股利等重大问题。与传统收益分配管理相比，现代企业收益分配战略管理具有以下两个方面突出的特点。

第一，收益分配战略的制定以投资战略和筹资战略为依据，最大限度地满足企业培育与提升核心竞争力对权益资本的需要。

第二，积极探索知识、技术、专利、管理等要素参与收益分配的有效办法，制定有利于引进人才和人尽其才的收益分配政策。

（二）财务战略管理与一般财务管理的关系

1. 财务战略管理与传统财务管理的区别

（1）以实现长期利润和获得竞争优势为目标

传统财务管理以实现成本与费用最小化、公司利润最大化为目标，并将这一目标贯穿到财务预测、决策、计划和预算管理之中。财务战略管理则更具有战略眼光，它关注公司的未来发展，重视公司在市场竞争中的地位。因此，它以公司扩大市场份额、实现长期获利、获得竞争优势为目标。这是财务战略的一个重要特点。公司财务管理的直接目的是获取资本最大增值盈利，但是在不同的经营理财观念下，衡量利润的标准是不同的。在传统理财观念下，衡量公司经济效益的一个唯一标准是利润，这实际上是一种短期的发展战略。财务战略管理强调企业的长期发展，不注重每一笔交易都赚钱，在评价财务战略管理成果中也不是只用利润这一衡量标准，而是以产品的市场地位、市场占有率、投资收益率来全面地衡量产品满足顾客需求的程度，衡量公司的获利能力。就是说，公司贯彻长期利润观念，按照战略财务导向从事资本经营，必须具有高瞻远瞩的敏锐目光，树立长期、全面的财务战略目标，不计较一时的利润得失，而注重公司在一个较长时期内的平均利润；不是追求最高的投资利润率，而是追求能伴随公司良好发展的适度的利润率；不能通过单纯地追求销售量来获取利润，尤其不能从追求短期的销售量来获取利润。

（2）实行产品全寿命周期成本管理

财务战略管理将成本涵盖到生产经营的全过程进行管理，即产品全寿命周期成本管理，包括：①生产经营成本，它是实现目标利润所限定的目标成本；②用户购物成本，用户购物成本不单是购物的货币支出，还包括购物的时间耗费、体力和精神耗费以及风险承担（指用户可能承担的因购买到质价不符或假冒伪劣产品而带来的损失）。

值得注意的是，近年来出现了一种新的定价思维。以往公司对于产品价格的思维模式是"成本＋适当利润＝适当价格"，财务战略管理的思维模式则是"消费者可以接受的价格－适当的利润＝成本上限"。也就是说，企业界对于产品的价格定义，已从过去的由厂商的"指示"价格，转变成了顾客"可接受"价格。本书把这看作是一场定价思维的革命。新的定价模式将用户可接受的价格列为决定性因素，公司要想不断追求销售增长最大化、销售收入最大化或销售利润最大化，就必须想方设法降低成本。

（3）以外部情况为管理重点

传统财务管理以公司内部情况为管理重点，提供的信息一般仅限于一个财务主体内部，如净现值、现金流量、成本差异等。财务战略管理则以公司获得竞争优势为目的，把视野扩展到公司外部，密切关注整个市场和竞争对手的动向，提供金融市场和资本市场动态变化情况、利率、价格、市场占有率、销售和服务网络、顾客满意度、市场购买力、宏观经济发展趋势、宏观经济政策等信息，分析和预测市场变化的趋势，通过与竞争对手的比较分析来发现问题，找出差距，以调整和改变自己的竞争战略，做到知己知彼，百战不殆。

（4）提供更多的非财务信息

传统财务管理提供的信息基本上都是财务信息，以货币为计量尺度。财务战略管理提供的信息不仅包括财务信息，如竞争对手的价格、成本等，更要提供有助于实现公司战略目标的非财务信息，如市场需求量、市场占有率、产品质量、销售和服务网络等，而且非财务信息占有更为重要的地位。提供多样化的非财务信息，既能适应公司战略管理和决策的需要，也改变了传统财务比较单一的计量手段模式。

（5）运用新的业绩评价方法

传统财务管理的业绩评价指标一般采用投资报酬率指标，只重结果，不重过程，忽略了相对竞争地位在业绩评价中的作用。而财务战略管理主要从提高竞争地位的角度来评价业绩，将业绩评价指标与战略管理相结合，根据不同的战略，确定不同的业绩评价标准。为了更好地在公司内部从上到下传达公司的战略和目标，财务战略管理的业绩评价需要在财务指标和非财务指标之间求得均衡，既要肯定内部业绩的改进，又要借助外部标准衡量公司的竞争能力，既要比较公司战略的执行结果与最初目标，又要评价取得这一结果的过程。

（6）以战略目标为预算编制的起点

传统财务管理的预算编制着眼于初期的内部规划和运作，以目标成本、费用、利润作为编制预算的起点，所编制的销售、生产、采购、费用等预算与战略目标没有任何关系，有时甚至与战略目标背道而驰。战略财务管理则围绕战略目标编制预算，以最终取得竞争优势。反映顾客、竞争对手和其他战略性因素，其预算所涉及的范围也不局限于反映顾客、竞争对手和其他战略性因素，及其供、产、销等基本活动，而要把人力资源管理、技术管理、物流服务等供应链、价值链活动都纳入预算管理体系之中。

2．财务战略管理是一般财务管理的发展

近百年来，财务管理作为一门独立学科，在企业管理中始终扮演着重要角色。虽然财务管理的理论与方法一直不断发展，并取得了一定的成果。但不容忽视的是，现代企业经营环境的重大变化和战略管理的广泛推行，对企业财务管理所依据的理论与方法提出了新的要求与挑战，传统财务管理理论与方法已不能适应当今企业战略管理的需要。因此，无论从理论层面还是从现实层面来看，跳出固有财务管理思维模式，顺应战略管理的发展动态，对企业财务管理的理论与方法加以完善和提高，从而上升到财务战略管理的新阶段，都是一种历史和逻辑的必然发展，是战略理论、财务管理理论和企业理财环境综合发展与共同作用的必然结果。

我国企业的发展，经历了从粗放式管理到精细化管理的过程。为了与企业的每一个发展阶段的实际相适应，财务管理的重心和特点都不一样，基本上可以划分为资金收支性财务管理、效益性财务管理和治理性财务管理3个阶段。3个财务管理的发展阶段都是与企业的实际发展情况紧密相连的，对当时企业的发展做出了贡献。但这3种财务管理模式都只是从专业角度来看待财务管理工作，而没有将财务管理放在整个企业发展的大局来看。

企业的内外环境是企业财务管理活动赖以进行的基础和条件，财务管理不可避免地要受到企业环境的影响和制约。无论是企业外部的政治、经济、法律、社会、生态、技术等方面的变化，还是企业内部的生产、组织、人员等方面的变化，都对企业财务管理有着直接或间接的，有时甚至是非常严重的影响。能否把握住环境变化的趋势，趋利避害，已成为企业财务管理成败的关键。因此，企业财务管理要善于审时度势，以弄清企业环境的状况和变化趋势为出发点，把提高财务管理工作对环境的适应能力、应变能力和利用能力放在首要位置，从战略的高度重新认识财务管理，以战略的眼光进行财务管理工作。许多企业之所以陷入资金周转不灵、经济效益不佳的境地，就是因为对环境变化所产生的威胁不够重视，不能及时应变。

二、新经济时代财务战略管理的对策

（一）财务战略管理存在的主要问题

放眼当前经济市场，由于企业或者产品本身的潜力尚未完全发挥出来，市场缺乏对企业或产品的认知与了解，造成核心产品不能为企业提供大量的流动资金，这使得企业在某些时期陷入资金周转不足的境地；另外，企业在需要进行市场结构和经营结构调整时，面临的是进一步强化财务集权控制还是调整股权结构，是采取进退结合的投资策略还是强化新进市场的财务运作的两难选择。为此，就必须明确影响企业财务战略的关键事项，才能做出有利于企业进一步发展的举措。

第一，企业财务战略管理观念有待改进。一个规范、健全的财务战略管理过程分为 3 个阶段，即战略制定、战略实施和战略控制，这三者相互联系、相互制约、缺一不可。从国内一些企业的经验看，在制定财务战略的阶段投入了极大的热情和资源，进入实施阶段后由于工作的复杂性和投入的进一步加大则热情减低，特别是实施中遇到较大困难时就会热情大减，于是财务战略管理轰轰烈烈开场、冷冷清清收场的现象屡见不鲜。

第二，企业内部财务控制有待提高。当前，我国企业内部财务存在着诸多问题，其原因归根结底是企业还没有一个极其完整的财务管理办法可供遵循，这对于企业来说是不合理的。大部分企业需要设立账目，但会计基础管理薄弱、依法建账不到位，并没有按照会计科目的要求分门别类的设置明细的账目，这不仅不利于公司及时向货源及客户反映情况，而且会计信息也不能得到真实的反映。

第三，企业整合性战略有待提高。公司战略作为企业最高层次的战略，侧重于从全局出发确定企业业务经营范围并进行资源配置；职能战略则是由研发、生产、营销、财务、人事等职能部门根据公司战略的要求制定出本部门的目标和规划，是公司战略的具体化。财务战略需要以公司战略为依据，不得与公司战略目标相左。一些企业的战略体系中存在着企业财务战略与企业总体战略、其他职能战略整合性和协调性差的问题，突出表现在目标相左、本位主义严重、相互扯皮、协调难度大，这样财务战略管理的整合性优势和管理效果必然受到影响。

第四，企业内部财务报表过于笼统。各层次的管理需要企业根据会计制度的要求，对外披露报表。现今大多数企业只有资产负债表、利润表、现金流量表，数据过于笼统和宏观，缺少管理需要的各种报表。如提供给企业管理者资金的使用情况表、提供企业各个部门的各项目成本费用明细表和利润表、应收未收账款的明细表、提供给企业决策者使用的资金状况表、客户付款周期表和客户信用档案等各种财务信息，只能采取统计办法获取，耗时耗力，且容易出现差错，无法满足内部管理的需要。

（二）财务战略管理问题的解决对策

1. 货币资金集中管理

货币资金是企业的血液，任何企业的启动和发展必须靠足够的资金来解决，如果一个企业没有资金或者是资金不足，再好的计划、项目都是空想，再好的投资活动都有可能中途搁浅。所以，企业务必做到对资金统一筹措、统一调度和统一监控。一方面，将货币资金结算集中在集团的银行存款结算户，减少资金沉淀，确保经营的正常进行；另一方面，加强对经营单位资金使用的计划管理，利用资金收支的时间差合理安排银行贷款和还款计划，节约资金利息支出。

2. 统一财务会计制度

一般说来，财务管理是基于企业再生产过程中客观存在的财务活动和财务关系而产生的，会计是运用凭证、账簿和专门报表，采用以货币为主要计算单位的各种计量方法，收集、分类、记录、报告、分析、比较和评价特定单位经济活动和经济效益的一种管理工作。所以企业只有严格地遵从国家制定的会计制度，再进行企业内部一系列会计制度的建立，严格遵守会计制度，才能进行会计工作、保证会计工作秩序、提高会计工作质量。只有如此，各公司才能在费用管理、会计核算、资金管理等方面，执行集团统一制定的管理制度，及时、准确地填报内外部会计报表。

3. 统一财务机构的设置和财会人员的管理

主要是各分公司的财务经理由企业财务部委派，其工资奖金由集团考核发放，分公司财会人员按集团的标准任用。以改革会计核算体制为契机，从严定岗，以岗定人，务必对全公司财会人员进行培训、调整，使财会人员的综合业务素质得到普遍提高。

4. 统一税务管理

一个企业由总部负责协调与税务部门的关系，对各分公司所得税、流转税进行统一管理，对增值税发票要做到统一发放、统一管理，经常检查，随时监督，以免出现差错。

5．事前管理 —— 实施全面预算管理

建立以集团企业战略为导向的全面预算管理体制，在预算目标制定、过程控制、评价考核等方面形成完整的制度体系。同时，核定企业整体资金预算，逐步实现集团资金管理规范化，提升集团资金调控和监管能力。

6．事中管理 —— 实施月度、季度、年度决算管理

企业由于其规模和内部管理层次分支不同，采用该事项是完全有必要的。每一月度、季度、年度由企业高管层发起，将各个分公司的财务流程（进账及支出）及时清算，并将本企业实施进程及即将启动的项目与目标通过分析，迅速做出决断。

7．事后管理 —— 实施年度绩效考核

企业需要建立一支政治上可靠、业务本领过硬、懂经营、善管理的财会队伍，则必须实施年度绩效考核。该制度可由总公司发起，由各个分公司积极响应，并推荐出为本企业做出贡献者或者有优异成绩者树立为楷模并奖励之。此外，对每一个工作单位上的工作人员都要做出相应的绩效考核，使其在今后的工作岗位上，更加敬岗爱业，逐步将财会人员职业道德与专业技术职务结合起来，借以发挥激励作用。此外，还要注重财会队伍后续的业务培训教育工作，着力培养一批懂经营、善管理的一专多能人才，增强财会人员的活力，进一步发挥财会的监督职能，加强集团对各公司的管理。

参考文献

[1] 包宸，潘德亮，吴勇兵. 企业运营与风险防范管理 [M]. 北京：中国商务出版社，2019.

[2] 鲍凯. 数字化财务：技术赋能＋财务共享＋业财融合＋转型实践 [M]. 北京：中国经济出版社，2023.

[3] 蔡敏，李淑珍，樊倩. 现代企业财务管理与财政税收理论探究 [M]. 长春：吉林科学技术出版社，2022.

[4] 曹锋，郑爱民. 互联网背景下财务管理创新研究 [M]. 沈阳：辽宁大学出版社，2021.

[5] 柴慈蕊，赵娴静. 财务共享服务下管理会计信息化研究 [M]. 长春：吉林人民出版社，2022.

[6] 关兴鹏，李娜，周晶石. 新经济时代财务管理与创新发展 [M]. 北京：中国商务出版社，2022.

[7] 康芳，马婧，易善秋. 现代管理创新与企业经济发展 [M]. 长春：吉林出版集团股份有限公司，2020.

[8] 寇改红，于新茹. 现代企业财务管理与创新发展研究 [M]. 长春：吉林人民出版社，2022.

[9] 李菲，白雅，王贺敏. 企业运营与财务管理研究 [M]. 沈阳：东北大学出版社，2022.

[10] 李婉丽，雷永欣，闫莉. 企业管理会计与财务管理现代化发展 [M]. 北京：中国商务出版社，2022.

[11] 马丽敏，杜春丽. 企业财务共享模式构建的策略与应用研究 [M]. 长春：吉林科学技术出版社，2021.

[12] 曲柏龙，王晓莺，冯云香. 信息化时代财务工作现状与发展 [M]. 长春：吉林人民出版社，2021.

[13] 王利萍，吉国梁，陈宁. 数字化财务管理与企业运营 [M]. 长春：吉林人民出版社，2022.

[14] 王能民，史玮璇，何正文. 运营管理：新思维、新模式、新方法 [M]. 北京：机械工业出版社，2023.

[15] 王盛. 财务管理信息化研究 [M]. 长春：吉林大学出版社，2020.

[16] 王燕会，狄雅婵. 互联网环境下的企业财务管理研究 [M]. 长春：吉林人民出版社，2022.

[17] 王莹，李蕊，温毓敏. 企业财务管理与现代人力资源服务 [M]. 长春：吉林出版集团股份有限公司，2022.

[18] 武建平，王坤，孙翠洁. 企业运营与财务管理研究 [M]. 长春：吉林人民出版社，2019.

[19] 徐文妮. 大数据背景下的财务共享中心建设研究 [M]. 长春：吉林人民出版社，2021.

[20] 杨洁. 企业财务管理与财务数字化研究 [M]. 北京：群言出版社，2023.

[21] 张磊只，李红梅，孝立见. 大数据背景下现代企业财务管理 [M]. 北京：中国商务出版社，2022.

[22] 张立恒. 创新视角下的企业管理与运营 [M]. 长春：吉林出版集团股份有限公司，2021.

[23] 张少峰. 企业财务共享服务标准应用指南 [M]. 北京：中国经济出版社，2022.

[24] 赵颖，郑望，白云霞. 现代会计与财务管理的多维探索 [M]. 长春：吉林人民出版社，2022.

[25] 周玉琼，肖何，周明辉. 财务管理与金融创新 [M]. 北京：中国财富出版社，2022.